UNTERWEGS IN ~~NER~~

Lieblingsstadt

ZÜRICH

OLIVIA RAHEL GRUBENMANN

emons:

Bibliografische Information der Deutschen Nationalbibliothek
Die Deutsche Nationalbibliothek verzeichnet diese Publikation
in der Deutschen Nationalbibliografie; detaillierte bibliografische
Daten sind im Internet über http://dnb.d-nb.de abrufbar.

© 2022 Emons Verlag GmbH
Alle Rechte vorbehalten
© Fotos: Olivia Grubenmann, ausser: S. 152: Miyuko, S. 184: Lola's Kitchen/David
Biedert, Vorlage der Illustrationen auf dem Cover/Inhaltsverzeichnis: shutterstock/
iconim

Gestaltungskonzept und Satz: Heike Kluge, Herdecke
Illustration: Heike Kluge, Herdecke
Umschlaggestaltung: Heike Kluge, Herdecke
Druck und Bindung: Grafisches Centrum Cuno, Calbe
Printed in Germany 2022
ISBN 978-3-7408-1443-4

Unser Newsletter informiert Sie regelmässig über Neues von emons:
Kostenlos bestellen unter
www.emons-verlag.de

VORWORT

Es gibt etwas, das sich fast alle Menschen wünschen: mehr Zeit mit Familie, Freundinnen und Freunden. Dieses Buch soll dir dabei helfen, aus diesem Wunsch Wirklichkeit zu machen. Zwischen diesen zwei Buchdeckeln findest du 85 Aktivitäten in und um die Stadt Zürich, bei denen du gemeinsam mit deinen liebsten Menschen unvergessliche Stunden erlebst.

484.067: So viele Schritte habe ich für diesen Reiseführer insgesamt zurückgelegt. Das sind etwa 290 Kilometer und somit etwa die Strecke von Zürich quer durch die Schweiz bis nach Genf. Und jeder einzelne Schritt hat sich gelohnt, weil er mich zu all diesen inspirierenden und aussergewöhnlichen Menschen, Aktivitäten und Erlebnissen gebracht hat, die ich für dich in diesem Buch zusammengetragen – und natürlich auf Herz und Nieren geprüft – habe. Aber keine Sorge, Zürich lässt sich nicht nur zu Fuss wunderbar erkunden, sondern auch mit Velo, Bus, Tram oder Kursschiff, mit der S-Bahn, der Fähre und sogar auf dem SUP Board.

Hier stehen nicht die üblichen Sightseeing-Hotspots wie Kirchen, Statuen oder Museen im Rampenlicht, sondern besondere Aktivitäten und Erlebnisse, die du allein geniessen oder mit deinen Freundinnen und Freunden oder deiner Familie teilen kannst. Warst du zum Beispiel schon einmal auf einer Kaffeefenster-Velotour? Hast du je versucht, in der «Wildnis» zu überleben? Oder mal eine eigene Podcastfolge aufgenommen? Egal ob du schon lange in Zürich wohnst, neu zugezogen bist oder nur für einen Wochenendtrip hier: Bestimmt gibt es in der Limmatstadt etwas, das du noch nie erlebt hast.

Ich wünsche dir ganz viel Freude auf deiner Entdeckungstour!

DU BESUCHST EINEN ORT

UND TIEF IN DEINEM HERZEN DENKST DU,

DASS DIES DEIN ZUHAUSE SEIN KÖNNTE.

ZÜRICH IST SO EIN ORT.

(MEHMET MURAT İLDAN, TÜRKISCHER SCHRIFTSTELLER)

Hallo Lieblingsmensch,

ich blättere gerade durch das Buch »Zürich. Unterwegs

mit deinen Lieblingsmenschen« und möchte total gern

Seite _____ mit dir teilen.

Es geht um _____ .

Hast du Lust?

Dann lass uns am _____ dort treffen.

Voller Vorfreude

_____

INHALTSVERZEICHNIS
ZÜRICH

GEMEINSAM AKTIV SEIN

ARM IN ARM DIE STADT ERKUNDEN

MITEINANDER ENTSPANNEN

ZUSAMMEN KREATIV WERDEN

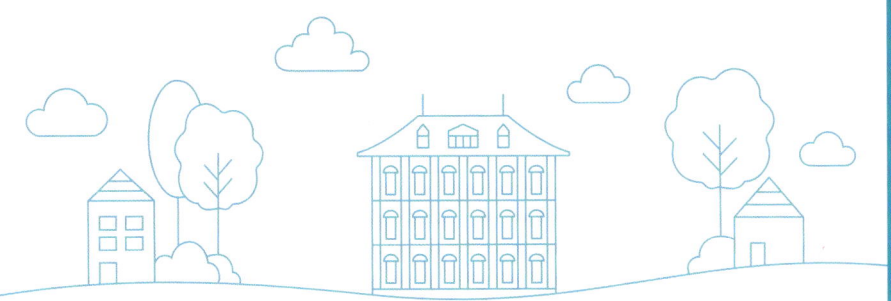

KÖSTLICHKEITEN TEILEN

SEITE AN SEITE KULTUR ERLEBEN

MIT DEM LIEBLINGSMENSCHEN

Gemeinsam
aktiv sein

DIE PERFEKTE WELLE
SURFEN AM GLEIS
URBANSURF

Geroldstrasse 11 c, 8005 Zürich
ÖPNV: Haltestelle Zürich Hardbrücke oder Station Schiffbau

Dass Portugal, Hawaii oder Australien Weltklasse-Surfspots sind, ist den meisten bekannt. Was hingegen wohl die wenigsten wissen: Surfen geht auch mitten in Zürich! Egal ob mit dem besten Freund, der Mama oder dem Liebsten: In der Outdoor-Anlage von Urbansurf können Jung und Alt, Neulinge und Profis die stehende Welle surfen.

Gerade war man noch bei einem Meeting auf der Arbeit oder im Gewühl der Stadt. Doch sobald man über die oberste Treppenstufe ins Urbansurf tritt, taucht man in eine andere Welt ein. Chillige Musik, Palmen und kühle Drinks sorgen für Beachvibes und Ferienfeeling pur. Ab 57 Franken pro Session kann man seine Thalassophilie, also die Sehnsucht nach dem Meer, etwas stillen. Die Surf-Instruktorinnen und -instruktoren sind sehr hilfsbereit und sorgen dafür, dass selbst Menschen, die noch nie auf einem Surfboard gestanden haben, schon bald ihre erste Welle surfen können. Und keine Angst: Hinfallen tut überhaupt nicht weh. Die Strömung spült einen ganz automatisch wieder an den Beckenrand. Anstrengendes Rauspaddeln oder Wellen, die direkt über dem Kopf brechen? Nicht im Urbansurf! Hier kommt man in den Genuss einer konstant perfekten Welle. Neben den klassischen Surf-Sessions gibt es auch diverse spezielle (Surf-)Events. Wie wär's zum Beispiel mit einer Surf-Session bei Vollmond? Wellenreiten zu Livemusik beim Surf'n'Sound? Oder einem «Burger and Beer Evening» mit Strandfeeling?

Pro Gruppe gibt es bei den Surf-Sessions jeweils maximal sechs Plätze, sodass jeder und jede innerhalb der 30-minütigen Sessions zwischen

vier bis acht Mal auf die Welle kann. Je nachdem, wie gut die anderen in der Gruppe sind und wie lange sie sich jeweils auf der Welle halten, um es mal unverblümt zu sagen. Das Surfequipment ist übrigens bei allen Sessions (ausser den Profi-Sessions) inbegriffen. Mitzubringen

braucht man also nur eine Badehose, ein Tuch, einen Klecks Sonnencreme und einen Personalausweis. Diejenigen, die anschliessend mehr mitnehmen wollen als das, womit sie gekommen sind, können sich im kleinen Surfshop mit Merch-Artikeln oder Surf-Gadgets eindecken.

Wer nicht selbst ins Wasser will, kann den Surferinnen und Surfern gemütlich von den Liegestühlen und Lounges zuschauen – mit einem Iced Coffee oder hausgemachten Butterfly Ice Tea in der Hand. Die Züge, die auf den Bahngleisen gleich hinter dem Urbansurf vorbeifahren, machen das Zuschauen zu einem besonders absurd-lustigen Erlebnis.

Steht bald ein Date an und du willst etwas Aussergewöhnliches unternehmen? Wie wäre es, ihn oder sie mit einer Sunset Surf Session zu überraschen? Einfach nachschauen, wann die Sonne untergeht, und online zwei Plätze in der passenden Surf-Session buchen. Danach könnt ihr gemeinsam den kleinen oder grossen Hunger mit einer Portion marinierten Oliven oder einem deftigen Burger stillen und wieder Kraft (für die nächste Surf-Session?) tanken. Besonders schön: Nach Sonnenuntergang sorgen Lichtergirlanden für eine wunderbar romantische Atmosphäre.

Bei einem Besuch im Urbansurf kann man übrigens nicht nur den Stress, sondern auch das schlechte Gewissen zu Hause lassen: Hier wird nämlich viel Wert auf Nachhaltigkeit gelegt. So werden zum Beispiel die Wasserpumpen mit erneuerbarer Energie betrieben, und das Essen ist fast ausschliesslich aus der Region. Let's surf!

WEITERE ORTE FÜR WASSERRATTEN

➤➤ Strandbar Secret Island
Ein bisschen Ibiza, ein bisschen Mykonos: Das ist die Strandbar Secret Island in Tiefenbrunnen, direkt am Zürichsee. Tagsüber stehen Yogastunden oder Bootcamp-Sessions auf dem Programm. Bei Sonnenuntergang werden fancy Cocktails am oder im Pool geschlürft, und abends tanzt man zum Sound von Weltklasse-DJs, als gäbe es kein Morgen. Sand, Palmen und Sitzecken mit Namen wie Capri, Seychellen oder Santorini: Wohin soll's heute gehen?
Bellerivestrasse 264, 8008 Zürich

➤➤ Unterwasser-Fotoshooting im Zürichsee
Ein Unterwasser-Fotoshooting im Zürichsee? Das geht! Und zwar mit der Fotografin Angela Malina Weber. Egal ob Einzel-, Paar- und Familienshooting: Bilder wie diese wirst du mit Sicherheit noch nicht von dir haben. Bei ihren Shootings arbeitet die Fotografin mit nachhaltigen Fashionbrands zusammen und unterstützt Projekte für Wasser- und Umweltschutz.
www.angelamalina.photography

➤➤ Wakeboarden, Wakesurfen und Wakeskaten
Was ist eigentlich der Unterschied zwischen den dreien? Bei der Wakeboard Academy am Zürichsee kannst du es herausfinden. Was jedoch alle drei Sportarten gemeinsam haben: Du wirst einen unvergesslichen Tag auf und im Wasser erleben – ob als Beginner, Intermediate oder Pro.
Seestrasse 559, 8038 Zürich

TIPP

MIT DEM FAHRRAD
DIE STADT ERKUNDEN
ZÜRI ROLLT

www.stadt-zuerich.ch/aoz/de/index/shop/veloverleih
Velostation Europaplatz: Kasernenstrasse 100, 8004 Zürich

Du und deine Begleitung seid alle Strassen und Gassen der Stadt bereits abgelaufen? Dann ist es Zeit für einen Perspektivenwechsel. An einem der drei Standorte von Züri rollt könnt ihr euch in wenigen Minuten ein Citybike oder Kinderfahrrad ausleihen – und das völlig kostenlos! Für einen einmaligen Betrag von 20 Franken können auch E-Bikes gemietet werden. Das Ganze geht ruckzuck: Einfach den Ausweis zeigen, 20 Franken Depot hinterlegen, und schon könnt ihr euch auf den Sattel schwingen und rollend die Stadt erkunden.

Gratis Leihvelos

Im Jahr 2020 gab es in Zürich ein Fahrradwegenetz von 807 Kilometern – und es wird immer weiter ausgebaut. Da lässt es sich also einige Stunden radeln. Energie und Koffein tanken könnt ihr unterwegs bei den verschiedenen Kaffeefenstern, wie dem vom Jamaican Flavour oder ViCAFE. Wer Lust hat, kann daraus sogar eine Kaffeefenster-Tour machen (siehe Seite 40).

Fahrradfahren boomt. Gefühlt jeder und jede kauft sich gerade ein E-Bike, Mountainbike oder flitziges Rennvelo und ist gemäss Instagram in jeder freien Minute auf dem Sattel anzutreffen. Ein sinnvoller Hype, denn Fahrradfahren ist gesund, günstig und umweltfreundlich. Wer sich ein Fahrrad bei Züri rollt ausleiht, tut aber nicht nur der Umwelt, dem Portemonnaie und der Gesundheit Gutes, sondern auch den Mitmenschen. Denn Züri rollt bietet auch ein Bildungs- und Beschäftigungsprogramm für Asylsuchende und anerkannte Flüchtlinge an, die durch die Arbeit beim Veloverleih Deutsch lernen und Anschluss finden können. Wenn das nicht Gründe genug sind. Nichts wie losgeradelt!

EINE «TOUR DE PING-PONG» MACHEN

APP PINGPONG-TISCHE

Die App gibt's im Google Play Store
und im Apple Store: pingpongtische.ch

Hast du dich schon mal gefragt, was eigentlich der Unterschied zwischen Ping-Pong und Tischtennis ist? So ähnlich sie auch scheinen: Die beiden Sportarten sind nicht identisch. Zum Beispiel beeinflusst die Sandpapier-Oberfläche von Ping-Pong-Schlägern das Spiel, und auch bei den Regeln gibt es diverse Unterschiede. Wer jedoch nicht für eine Meisterschaft trainiert, kann all das getrost ignorieren. Hauptsache, man hat einen Ball, Schläger und jede Menge Spass.

Zürich hat mehr als 100 Ping-Pong-Tische, die öffentlich zugänglich und oftmals sogar kostenlos nutzbar sind. Eine wunderbare Gelegenheit, um dich mit deinen Freundinnen und Freunden das nächste Mal statt zum Feierabendbier in der Stammbar zu einer Runde Ping-Pong-Rundlauf zu treffen. Mit der App «Pingpong-Tische» findet ihr ganz leicht alle Spielmöglichkeiten in eurer Nähe.

Die Einträge sind jeweils um nützliche Infos ergänzt. Wie viele Tische sind vorhanden? Gibt es ein Netz oder nicht? Und was meinen andere Ping-Pöngler zu diesem Ort? Zu manchen Locations gibt es sogar Fotos. So seht ihr vorweg, in welchem Zustand die Tische sind, und könnt euch unnötige Wege sparen. Wenn ihr euch für einen Tisch entschieden habt, lasst euch gleich mit der App zum Standort navigieren.

Wie wäre es mit einer Runde Ping-Pong mit Blick auf den Zürichsee? Oder lieber umgeben von viel Grün auf dem Schindlergut? Oder zentral, mitten im Niederdörfli? Die Möglichkeiten sind endlos. Einfach die App herunterladen, Schläger suchen, ausleihen oder kaufen und ein paar Freundinnen und Freunde zusammentrommeln.

PIROUETTEN DREHEN
IM WINTER WONDERLAND
DOLDER KUNSTEISBAHN

Adlisbergstrasse 36, 8044 Zürich
www.doldersports.com/winter-front-page/kunsteisbahn
ÖPNV: Tramhaltestelle Römerhof,
danach weiter mit der Dolderbahn zur Bergstation

Dich plagt Wintermüdigkeit? Dann gibt's kaum etwas Besseres als frische Luft, Bewegung und lustige Momente mit deiner besten Freundin oder deinem besten Freund. Bei einem Besuch der Dolder Kunsteisbahn kannst du all das auf einmal haben.

Das Erlebnis beginnt schon bei der Anfahrt: Mit der Dolderbahn fahrt ihr durch den Wald und lasst die Stadt Höhenmeter um Höhenmeter hinter und unter euch. Oben angekommen findet ihr euch in einer wunderschönen Winterlandschaft wieder. Die Dolder Kunsteisbahn gibt es schon seit 1930, und sie ist noch heute eine der grössten Freilufteisflächen Europas. Hier könnt ihr Eislaufen, «Chneble» (Hockey) spielen oder Pirouetten drehen – und das alles auf 6.000 Quadratmetern. Um die Weihnachtszeit ist der Besuch besonders stimmungsvoll, denn dann dreht man seine Runden auf dem Eis um einen riesigen, festlich geschmückten Weihnachtsbaum. Jeweils am Freitag- und Samstagabend verbreiten ausserdem grosse Feuerfackeln zusätzlich Festtagsstimmung.

Egal ob ihr schon Profis seid und eine Pirouette an die andere hängt oder ob ihr noch nie zuvor in Schlittschuhen über eine Eisfläche geglitten seid: Die Dolder Kunsteisbahn hat genügend Platz für alle.

Ihr wollt etwas mehr Action? Mehrmals pro Saison findet eine Eisdisco statt, bei der ihr zu Musik aus den 80er Jahren die Eisfläche unsicher machen könnt. Zwischen den Eistanz-Sessions könnt ihr bei der Glühweinbar haltmachen, und wer will, kann im Anschluss ein Fondue im Dolder Sportrestaurant geniessen.

DEN HERABSCHAUENDEN HUND AUF DEM SEE MACHEN

SUP CENTER WOLLISHOFEN

SUP Center SUP Swiss, Bachstrasse 7, 8038 Zürich
www.kiteswiss.ch
ÖPNV: Haltestelle Bahnhof Wollishofen oder Post Wollishofen

Die Wellen wiegen dich sanft hin und her, die Sonne wärmt dein Gesicht, während die Arme links und rechts vom Brett im kühlen Wasser baumeln. Eine beruhigende Stimme führt durch eine Meditation. Jetzt bist du voll im Moment angekommen. Fernab von allen Alltagssorgen. Fernab vom Strassenlärm. Fernab von To-dos, Kalendereinträgen und dem Gedankenkarussell.

Diese Tiefenentspannung kannst du in den Sommermonaten von Juni bis August wöchentlich beim SUP Yoga in Wollishofen erleben. SUP Yoga = Stand-up-Paddling + Yoga. Klingt nach einer Challenge? Ist es auch! Denn die Wellen sorgen dafür, dass deine Balance bei jeder Bewegung aufs Höchste gefordert wird. Gleichzeitig ist SUP Yoga wegen der sanften Wellenbewegung aber auch wahnsinnig entspannend und dank den gelegentlichen Balanceverlusten bei den verschiedenen Yoga-Posen, die auch schon mal im Wasser enden, wahnsinnig lustig. Und wo hat man schon Action, Entspannung, Spass und Natur in einem?

Das Stand-up-Paddling hat keinen klar definierten Ursprung. Fischer in Polynesien paddelten schon früh stehend in ihren Kanus. Im 20. Jahrhundert wurde das Stand-up-Paddling zudem auf Hawaii im Surf-Unterricht eingesetzt. Nach und nach entwickelte sich das Stehpaddeln zu einem beliebten Freizeitsport, bis der Trend 2010 von den USA nach Europa überschwappte.

Heute paddeln nicht mehr nur Hipster und Wasserratten mit dem Board, sondern auch Grossmamis, Kinder und sogar Herrchen und

Frauchen mit Hund. Aus dem ursprünglichen Stehpaddeln haben sich zudem neue Sportarten wie SUP Yoga, SUP Polo oder Windsurf SUP entwickelt.

Vivianne, die seit mehreren Jahren Yoga bei SUP Swiss unterrichtet und mehrere Ausbildungen zur Yogalehrerin und Yogatherapeutin hat, sorgt dafür, dass selbst Menschen, die in ihrem Leben weder jemals auf einem Paddle Board gestanden haben noch mit Yoga auf

festem Boden vertraut sind, erste Erfolgserlebnisse auf der schwimmenden «Yogamatte» haben. In kleinen Gruppen bis maximal sechs Personen paddelt man für die Yogastunde auf den Zürichsee. Zuerst gewöhnt man sich auf dem Board kniend an das Schaukeln, doch schon bald gleitet man stehend über das Wasser. Einmal draussen, entspannt man zuerst bei einer kurzen Meditation und versucht sich danach, angeleitet von Vivianne, an den verschiedenen Yoga-Posen. Wetten, dass ein Herabschauender Hund noch nie so herausfordernd war?

Bei der spektakulären Aussicht auf das Seebecken der Stadt Zürich zur einen und die Berge zur anderen Seite vergisst man jedoch ganz schnell jegliche Anstrengung. Das Wasser, die Möwen und die Entenfamilie sorgen für den passenden Hintergrundsound, während man ein paar SUP-adaptierte Sonnengrüsse ausführt. Nach einer wohlverdienten Schlussentspannung paddelt man energetisiert und erholt wieder an den Strand zurück.

Für diejenigen, die über die Mittagspause abschalten wollen, gibt es ausserdem eine SUP-Yoga-Lektion über Mittag. Und wer nur mit Stand-up-Paddling anfangen und Yoga erst mal beiseitelassen will, kann bei SUP Swiss auch diverse andere Kurse besuchen: vom Dog-, Kids- oder Early-Bird-SUP-Kurs bis zur Full-Moon-SUP-Tour. Wer besonders viele Freunde hat, sollte unbedingt einmal das riesige Monster-Paddle mieten. Ob ihr den Rekord von 22 Personen auf dem SUP-Board knacken könnt?

EINE BOOTSFAHRT AUF DEM ZÜRICHSEE

Sei es eine Mini-Seerundfahrt, eine Überfahrt von einem Ufer ans andere oder eine Erlebnisrundfahrt: Die 17 Schiffe der Zürichsee Schifffahrtsgesellschaft legen jedes Jahr 360.000 Kilometer auf dem Wasser zurück und bieten für jede Gelegenheit etwas. Beispiele gefällig? Auf dem Brunch-Schiff könnt ihr euch durch das Schlemmer-Buffet probieren, während ihr den Ausblick auf die Berge, den See und die Stadt geniesst. Auf dem Krimi-Schiff erlebt ihr eine Hollywood-Party voller Intrigen, Rätsel und Kulinarik. Und auf dem Japan-Schiff «Izakaya» kostet ihr handgemachte Gyozas, Algensalat und weitere japanische Spezialitäten.

Vom Wasser aus kann man die Stadt übrigens noch einmal von einer ganz anderen Perspektive erleben. Alle einsteigen, bitte!

➤➤ www.zsg.ch

TIPP

IN VIRTUELLE WELTEN EINTAUCHEN
VR CITY

Baslerstrasse 30, 8048 Zürich
vrcity.ch
ÖPNV: Haltestelle SBB Werkstätte oder Freihofstrasse

An circa einem Drittel aller Tage im Jahr regnet es in Zürich. Und jetzt? Netflix an und unter die Bettdecke kuscheln? Eine Option. Die andere, etwas ausgefallenere, wäre, dem aktuell grössten Virtual Reality Center der Stadt einen Besuch abzustatten. In der 2019 eröffneten VR City taucht man beim Spielen in unterschiedliche künstlich erzeugte Welten ein.

Ihr habt die Qual der Wahl: Tretet in Partyspielen wie Temple Run in atemberaubenden Landschaften gegeneinander an, macht euch auf die Suche nach einem legendären Schiff vor einer Insel im alten Griechenland oder schlüpft in die Rolle von Elfen und verteidigt eure Stadt mit Pfeil und Bogen gegen einen Haufen Orks.

Doch egal ob ihr euch für ein Spiel mit Ganzkörpertracking und Waffen mit Rückschlag, einen Escape Room oder für eine Session im VR Cube mit über 20 Spielen entscheidet: Spass und Adrenalin sind überall garantiert.

Auf einer Fläche von 540 Quadratmetern tobst du dich allein oder im Team mit bis zu fünf Personen aus. Wer sich nicht gerade in der virtuellen Welt bewegt, holt sich an der Bar ein Getränk und beobachtet die anderen von der Tribüne aus oder über den Bildschirm und fiebert mit. Aber Achtung, die Wahrscheinlichkeit ist gross, dass einem dabei vor Lachen die Bauchmuskeln schmerzen. Und genau das gehört zur Idee, die der Gründer für die VR City hatte: Gaming sollte ein soziales Erlebnis sein. Abends kommt mit den vielen Besucherinnen und Besuchern, der Bar und dem farbigen Licht manchmal sogar richtiges Clubfeeling auf. Selbst wenn das Spiel in der virtuellen Welt längst beendet ist, kannst du dich mit deinen Freundinnen und Freunden in der realen Welt bestens weiteramüsieren.

PICKNICKEN
AUF DEM PEDALO

ZÜRICHSEE

Bootsvermietung Enge, Mythenquai 25, 8002 Zürich
bootsvermietungenge.ch
Pier 7, Limmatquai 7, 8001 Zürich
pier7.ch/Bootsvermietung

Schöne Badeplätze gibt es am Zürichsee in Hülle und Fülle – doch ebenso viele Menschen, die an einem heissen Sommertag am Seeufer Abkühlung suchen. Damit man sich die Location garantiert mit niemandem teilen muss, gibt es einen Trick: einfach ein Pedalo mieten und in die Mitte des Sees hinausstrampeln. Na gut, vielleicht nicht bis ganz in die Mitte. So oder so hast du damit einen exklusiven Wasserzugang zu deinen Füssen und deine Liebste oder deinen Liebsten ganz für dich. Das Wasser schaukelt euch sanft hin und her, die Sonne wärmt die Haut, und der Lärm der Stadt ist weit, weit weg.

Und damit ihr da draussen nicht verhungert und verdurstet: Wie wär's zusätzlich mit einem kleinen Picknick? Bei vielen der Verleihstationen kannst du Getränke, Glace und Snacks kaufen. Ein Abstecher in den nächstgelegenen Supermarkt oder eine Tankstelle tut es natürlich genauso.

Übrigens: Erfunden wurde das Tretboot vermutlich schon im Jahr 1810. Inzwischen sind die charmanten Fortbewegungsmittel aber bestimmt etwas komfortabler geworden. Egal ob im käferförmigen Pedaloboot im Retro-Look, im Viersitzer mit farbenfrohem Sonnenschirm und gemütlichen Liegestühlen oder ganz klassisch und schlicht: Am Zürichsee bleiben keine Wünsche unerfüllt. Pedalos mieten kann man zum Beispiel bei der Badi Enge am Mythenquai, beim Pier 7 neben der Quaibrücke oder beim Lago am Utoquai.

Soll es besonders romantisch sein? Einfach nachschauen, wann die Sonne untergeht, eine eiskalte Flasche Rosé und ein paar Snacks einpacken und deine Liebste oder deinen Liebsten mit einem Picknick bei Sonnenuntergang überraschen.

ALL SUMMER LONG:
FLUSSBADEN
DER LETTEN

Flussbad Unterer Letten, Wasserwerkstrasse 141, 8037 Zürich
Flussbad Oberer Letten, Lettensteg 10, 8037 Zürich
www.stadt-zuerich.ch/ssd/de/index/sport/schwimmen/sommerbaeder

Wenn die Sonne im Sommer so richtig auf den Asphalt knallt und Zürich aufheizt, zieht es alle an die Gewässer in der Stadt und drum herum. Nach Feierabend trifft man sich beim Hauptbahnhof und spaziert mit einem Bier in der Hand die Limmat entlang über den Drahtschmidlisteg, wo an heissen Tagen teilweise bis zu neun Slacklines gleichzeitig über den Fluss gespannt werden und die Slacklions sich im Waterlinen (Slacklinen über Wasser) üben. Danach geht's weiter bis zum Oberen Letten. Dort breitet man das Badetuch auf dem Holzsteg aus und entflieht der Hitze mit einem Sprung ins kühle Nass. Gemächlich lässt man sich bis zum Ende des Holzstegs treiben, klettert aus dem Wasser, spaziert zurück zum Startpunkt und wiederholt das Ganze. So oft, bis der Magen knurrt und man sich im Flussrestaurant Primitivo eine Portion Pommes frites holt. Bei der zehn Meter hohen Kornhausbrücke beobachtet man unerschrockene Menschen beim urbanen Klippenspringen. Andere toben sich beim Beachvolleyball oder im Skatepark aus. Am Wochenende verwandelt sich die Strecke zwischen dem Oberen und Unteren Letten in eine regelrechte Partyarea. Musik füllt die Luft, es wird gebadet, getanzt, getrunken und gefeiert, als gäbe es kein Morgen.

Wer weniger Party will, geht in das kostenlose Flussbad Unterer Letten, wo es sogar Umkleideräume und Schliessfächer gibt.

Doch egal ob beim Oberen Letten, beim Unteren Letten oder irgendwo dazwischen: Ein Abend an der Limmat fühlt sich an wie ein Miniurlaub im Süden.

AUF EINE MISSION (IM)POSSIBLE GEHEN
BODA BORG IN RÜMLANG

Riedmatt Center Rümlang, 1. Stock,
Oberglatterstrasse 35, 8153 Rümlang ZH
www.bodaborg.com
ÖPNV: Haltestelle Rümlang, Riedmatt oder Riedmattstrasse

Wer Ninja Warrior und Escape Rooms schätzt, für den oder die wird Boda Borg ein absolutes Highlight sein. Denn in der riesigen, rund 3.300 Quadratmeter grossen Spielhalle von Boda Borg verschmelzen körperliche Geschicklichkeit, Rätseln, Teamwork, Ausdauer und Spielen zu einem einzigartigen Erlebnis. Insgesamt warten 21 verschiedene Missionen mit Challenges (sogenannten Quests) verteilt auf insgesamt 66 Räume darauf, von dir und deinem Team gemeistert zu werden.

Wer also schon immer mal wie Indiana Jones durch einen Tempel rennen oder sich wie Laura Croft auf eine abenteuerliche Schatzsuche begeben wollte, für den oder die geht in der Boda Borg ein Wunsch in Erfüllung. Denn hier bewegt ihr euch nicht mit einer Virtual-Reality-Brille in einem eigentlich leeren Raum und sitzt auch nicht Filme schauend auf der Couch, sondern ihr klettert an realen Wänden, hangelt euch an Lianen quer durch den Raum, brecht aus einem Gefängnis aus oder kämpft euch durch ein Meer von Bällen. Ihr befindet euch also inmitten verschiedener Themenwelten mit realen Gegenständen und Hindernissen. Vom Geisterschloss über den Dschungel oder die Quizshow bis zur einsamen Insel: Alle Räume sind liebevoll und detailreich ausgestattet und von A bis Z durchdacht. In der Boda Borg erlebt ihr all die Abenteuer nicht stellvertretend mittels Social Media, Videospielen, Filmen und Serien, sondern ihr seid selbst inmitten des Geschehens und spürt alles am eigenen Körper. Habt ihr die mentale oder physische Aufgabe eines Raums gelöst, blinkt ein grünes Licht, und die Tür

zum nächsten Raum öffnet sich. Habt ihr zu lange gebraucht, um das Rätsel zu lösen, ist eure Tarnung aufgeflogen, oder seid ihr in die Lava getreten? Dann erklingt ein Buzzer, und ihr müsst wieder von vorne

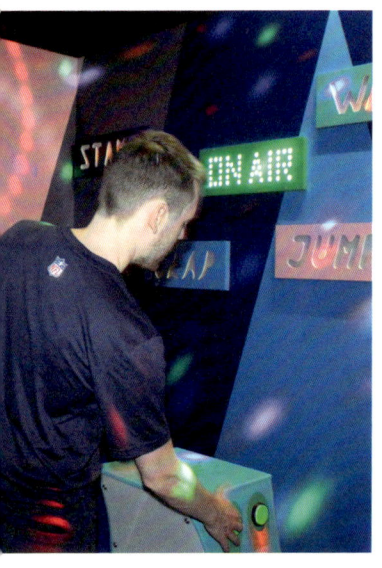

beginnen – oder euch in eine andere Mission stürzen. Habt ihr alle Aufgaben und Rätsel einer Mission erfolgreich gemeistert, könnt ihr euch als Beweis im letzten Raum einen Stempel in euer Questing-Büchlein machen. Als kleiner Tipp: Auch wenn es in den Räumen viel zu bestaunen und zu entdecken gibt, lohnt es sich dennoch, sich nicht nur auf den Sehsinn zu konzentrieren, sondern auch den Tast- und Hörsinn einzusetzen.

Erfunden wurde das Konzept der Boda Borg übrigens schon Mitte der neunziger Jahre in Schweden. Heute gibt es in Irland, Schweden, den USA und Zürich insgesamt bereits zehn Boda-Borg-Standorte. Die Quests sowie der Aufbau und die Dekoration der Räume sind überall verschieden. Was jedoch stets gleich ist: Egal ob jung oder alt, gross oder klein, sportlich oder nicht: Es gibt für jede Person passende Quests.

Questing ist übrigens Teamwork. Das heisst, ihr kommt nur gemeinsam ans Ziel. Ein Team besteht jeweils aus drei bis fünf Personen. Ist man eine grössere Gruppe, splittet man sich einfach auf und bildet mehrere Teams. Am besten bucht ihr zudem schon vor dem Besuch online einen Termin von zwei oder vier Stunden. Und auch wenn vier Stunden erst einmal nach einer langen Zeit klingt: Ihr werdet nicht glauben, wie schnell die in der Boda Borg verfliegt. Wer also Zeit hat, sollte sich unbedingt die längere Variante gönnen.

Bei einem Besuch in der Boda Borg könnt ihr euch wieder einmal wie ein Kind fühlen. Ihr kriecht, klettert, hüpft und springt. Vielleicht habt ihr danach ein paar blaue Flecken. Wahrscheinlich seid ihr ganz schön ausser Puste. Aber ziemlich sicher werdet ihr sagen: Wann kommen wir wieder?

NIGHTLIFE ABSEITS DER TANZFLÄCHE

Keine Lust auf einen klassischen Abend im Nachtclub? Egal ob Pub Quiz, Karaoke oder Beer Pong: Nightlife-Alternativen gibt es in Zürich genügend.

➤➤ Karaoke-Party in der Fambar
Über 45.000 Songs stehen Karaokebegeisterten in der Fambar zur Auswahl. Jeden Freitag- und Samstagabend finden hier nämlich Karaoke-Partys statt und es wird gesungen, getanzt und mitgegrölt bis zum Morgengrauen.
Militärstrasse 84, 8004 Zürich

➤➤ Pub Quiz im Kennedy's Pub
Hausgemachtes Essen, antike Kunstgegenstände und eine gemütliche Pub-Atmosphäre: Das Kennedy's Pub ist nicht nur ein beliebter Treffpunkt für Expats, sondern für alle, die Lust haben, neue Leute kennenzulernen. Jeweils montags findet das legendäre Pub Quiz statt. Der perfekte Start in die Woche!
Freischützgasse 14, 8004 Zürich

➤➤ Beer-Pong-Turnier in der Ping Pong Lounge
Partysounds, Drinks, Snacks und Discokugeln: Ping-Pong-Spielen in der grössten Ping-Pong-Bar der Schweiz fühlt sich an wie eine Nacht im Club. An speziellen Beer-Pong-Tischen könnt ihr eure Geschicklichkeit (oder eure Trinkfestigkeit) unter Beweis stellen.
Andreasstrasse 70, 8050 Zürich

TIPP

SCHWITZEN UNTER FREIEM HIMMEL
VITAPARCOURS AM ÜETLIBERG

Vitaparcours Zürich-Üetliberg, Uetlibergstrasse 355, 8045 Zürich
www.zurichvitaparcours.ch
ÖPNV: Haltestelle Saalsporthalle oder Albisgütli

Sport macht so viel mehr Spass gemeinsam. Wenn dann noch frische Waldluft und eine atemberaubende Aussicht dazukommen, trainiert es sich fast von allein. Wenn ihr bei den Restaurantbesuchen auf der Stadterkundung etwas über die Stränge geschlagen habt, könnt ihr euch bei einem Outdoor-Training in einem der kostenlosen Vitaparcours so richtig auspowern. Oder so tun als ob.

Der erste Vitaparcours entstand bereits 1968 in Zürich-Fluntern. Heute verfügt der Kanton Zürich über ganze 66 Routen. Besonders erlebenswert ist der Parcours am Üetliberg. Mit einer Streckenlänge von 2,3 Kilometern ist die Route auch prima für Gelegenheitssportlerinnen und Couch-Potatoes geeignet.

Bei der Saalsporthalle, nicht weit entfernt vom Startpunkt der Route, gibt es kostenlose öffentliche Garderoben, Duschen, WCs und sogar Schliessfächer (Vorhängeschloss mitbringen). Von der Garderobe geht's eine Viertelstunde joggend den Üetliberg hinauf bis zum Startpunkt beim Albisgütli. Von dort führt euch die wunderschöne Route mitten durch den Wald. Mal öffnet sich ein Fenster zwischen den Bäumen, mal schweift der Blick über die Stadt und den Zürichsee, mal springt ihr über Wurzeln. An den 15 Stationen gibt es Übungen für Beweglichkeit und Geschicklichkeit, andere für Kraft oder Ausdauer.

Euch ist heiss geworden? Abkühlung findet ihr nicht weit entfernt bei der Rentenwiese. Einfach mit dem Bus zum Bahnhof Enge fahren und nach einem kurzen Fussmarsch in den Zürichsee springen.

EINEN SPIELE-MARATHON ABSOLVIEREN
BRETTSPIEL-CAFÉ DUBISCHDRA

Geerenweg 23B, 8048 Zürich
dubischdra.ch
ÖPNV: Haltestelle Bahnhof Altstetten

Im ersten Brettspiel-Café der Schweiz werden nicht nur Hardcore-Spielefans glücklich, sondern auch Menschen, die behaupten, dass sie nicht gern spielen. Denn mit einer Auswahl von über 1.000 Spielen aller Art, von Quiz bis Geschicklichkeitschallenge, von Party- bis Strategiespiel, ist bestimmt für jeden und jede etwas Passendes dabei. Mit nostalgischen Klassikern wie «Uno», «Labyrinth» oder «Game of Life» ist das DuBischDra auch der perfekte Ort, um mit deiner Sandkastenfreundin oder deinem besten Freund aus Kindertagen bei euren früheren Lieblingsspielen Erinnerungen aufleben zu lassen.

Die Spiele sind alle mit farbigen Punkten versehen, sodass ihr auf einen Blick erkennt, für wen sich das Spiel eignet und wie schwierig es ungefähr ist. Und falls ihr mal nicht weiterkommt oder bei der Spielanleitung nicht durchblickt, könnt ihr einfach die «Spiele-Gurus» vom DuBischDra fragen.

Wie der Name schon verrät, wird im Brettspiel-Café aber nicht nur gespielt, sondern auch gegessen und getrunken. Unterbrechen müsst ihr euer Spiel deswegen jedoch nicht. Vis-à-vis vom DuBischDra befindet sich nämlich das Naturkostrestaurant «die Buvette». Egal ob süsse oder salzige Snacks, ein lokales Bier oder ein Glas Schweizer Wein: Bestellen und geniessen könnt ihr ganz einfach an eurem Tisch.

Übrigens: Auf der Website sind alle Spiele im Café in einer Datenbank erfasst. So könnt ihr euch schon im Vorfeld eure Lieblingsspiele heraussuchen und an eurem Spieledate direkt loslegen.

VON KAFFEEFENSTER ZU KAFFEEFENSTER RADELN

VICAFE

ViCAFE Goldbrunnen: Birmensdorferstrasse 240, 8003 Zürich
vicafe.ch/espresso-bars
ÖPNV: Haltestelle Goldbrunnenplatz

Man sieht sie schon von Weitem: die Menschenschlange vor den ViCAFE-Fenstern morgens zwischen 7 und 9 Uhr. Noch schlaftrunken schieben sich die UX-Designer, Projektmanagerinnen, Studenten und Reinigungskräfte Stück für Stück vorwärts in Richtung Espressi und Americano. Viele von ihnen gehören zur Stammkundschaft. Das Anstehen scheint sich also zu lohnen. Ein Becher mit dem Koffein des wohl beliebtesten Kaffeeladens der Stadt und der Tag kann beginnen!

Will man die Schlange umgehen, kommt man am besten nach der Kaffee-Rushhour vorbei. Wer Zeit und Musse für eine ausgefallene Stadttour hat, leiht sich ein Velo für den Tag aus (zum Beispiel bei Züri rollt) und macht sich mit dem Lieblingsmenschen von Fenster zu Fenster auf Entdeckungsreise. Wie wär's zum Start mit einem Espresso beim ältesten ViCAFE am Goldbrunnenplatz? Früher war das kleine Lokal ein Tabakladen. Heute riecht und sieht man davon jedoch nichts mehr. Dafür gibt es nun Kaffee aus zehn verschiedenen Ländern. Sitzplätze haben die meisten ViCAFE-Filialen aus Platzgründen keine. Trotzdem holen die Betreiberinnen und Mitarbeiter aus den kleinen Ladenflächen raus, was geht, und servieren den Kaffee statt am Tisch an der Theke oder durchs Fenster. Und genau das macht einen Besuch bei den insgesamt acht ViCAFEs der Stadt auch so besonders, denn sie beweisen: Kaffee to go kann auch fantastisch schmecken!

ViCAFE bietet bewusst ein kleines Sortiment an. 50 verschiedene Getränke und Snacks? Nicht hier. Bei ViCAFE gibt es nur einen Star:

Kaffee. Und der ist dafür gut. So richtig gut. Das Team legt nämlich nicht nur grossen Wert darauf, dass der Kaffee toll schmeckt, sondern auch, dass es alle Lieferanten persönlich kennt und diese regelmässig besucht. So werden faire und umweltfreundliche Produktionsstandards sichergestellt. Ist der Kaffee in der Schweiz, wird er in der eigenen Rösterei in Altstetten geröstet. Und auch bei der Milch herrscht Nachhaltigkeit. Neben pflanzlichen Alternativen gibt es Kuhmilch von zwei Bio-Bauernhöfen aus der Region.

Nach dem ersten Stopp geht's weiter unter der Hardbrücke hindurch bis zum ViCAFE-Kaffeefenster beim Gerolds Garten. Da geht noch mehr Koffein? Dann empfiehlt sich ein Flat White, also ein doppelter Kaffeeshot mit feinem Milchschaum. Wenn ihr danach noch nicht zu hibbelig zum Fahrradfahren seid, könnt ihr an den Bahngleisen entlang zum Kaffeefenster an der Zollstrasse fahren. Hier vielleicht zur Abwechslung und Abkühlung einen Iced Chai? Fahrradfahren und Koffein können einen nämlich ganz schön ins Schwitzen bringen. Wer noch nicht genug hat, fährt schliesslich gemütlich die Limmat entlang bis zum Bellevue und gönnt sich dort zum Abschluss noch einen erfrischenden Iced Coffee mit oder ohne Koffein. Die Velos abschliessen, an den See setzen und den letzten Schluck Kaffee mit dem oder der Liebsten geniessen.

Übrigens: Haltet eure Kreditkarten oder Smartphones bereit, denn bei ViCAFE wird bargeldlos bezahlt.

ALTSTADT LINKS UND RECHTS VOM LIMMATUFER

Hier gibt es Zunfthäuser, Kirchen und geschichtsträchtige Gebäude, aber auch Restaurants, Bars und Kinos: Die Zürcher Altstadt links und rechts der Limmat strotzt vor Leben und Geschichte. Besonders beliebt sind das Nieder- und Oberdorf. Obwohl das am Platz Central beginnende Niederdorf nur bis zur Stüssihofstatt reicht und der Stadtteil dahinter bis zum Bellevueplatz zum Oberdorf gehört, meinen die Einheimischen mit dem Niederdorf, auch «Dörfli» genannt, oft das gesamte Gebiet. Unzählige Cafés, Restaurants und Bars reihen sich im autofreien Niederdorf aneinander. Besonders charmant ist es hier in den Sommermonaten, wenn die Leute vor den Restaurants in den Seitengassen sitzen, Rosé trinken und Tapas essen. In der Vorweihnachtszeit sorgen Markt- und Glühweinstände für eine festliche Stimmung. Wer Luxus und Handwerkskunst sucht, spaziert über die Rathausbrücke ans andere Limmatufer. Dort reihen sich zwischen Weinplatz und der St. Peterhofstatt Luxusgeschäfte, Boutiquen und Fachgeschäfte aneinander.

➤➤ www.zuerich.com/de/besuchen/sehenswuerdigkeiten/paradeplatz

TIPP

ÜBERLEBEN IM SURVIVAL TRAINING
SWISS SURVIVAL TRAINING

Holzbodenstrasse, 8127 Maur
Der exakte Treffpunkt wird eine Woche vor Kursbeginn bekannt gegeben.
www.swiss-survival-training.com
ÖPNV: Haltestelle Scheuren, danach 30 Minuten Fussweg

Was ist das Wichtigste, um in der Natur zu überleben? Wasser und Nahrung finden? Ein Feuer machen? Schutz vor dem Wetter suchen? Tatsächlich sollte Letzteres das Erste sein, um das man sich in einer Notsituation kümmert, denn sind wir einmal durchnässt oder unterkühlt, wird es immer schwieriger, die anderen Tätigkeiten noch auszuführen. Aber weisst du, wie du dir draussen einen Unterschlupf für die Nacht und zum Schutz vor Wind und Wetter bauen kannst? Oder hast du schon mal selbst ein Feuer in der Natur gemacht (ohne Anzünderwürfel und Feuerzeug versteht sich)? Wahrscheinlich nicht. Wieso auch, fragst du dich, wenn es doch für beinahe jede erdenkliche Situation ein passendes Gadget gibt.

Der heutige Komfort ist wunderbar, und wohl kaum jemand möchte freiwillig auf das warme Bett, den Wasserkocher oder Trinkwasser aus dem Hahn verzichten. Nur verlernen wir dadurch auch, wie wir in und mit der Natur (über)leben können und in Extremsituationen handeln sollten.

Wenn wir uns heutzutage in der Natur aufhalten, dann meistens in der Nähe der Zivilisation, mit Top-Ausrüstung und Handy in der Hosentasche. Doch auch in der Schweiz kann man sich bei einer Wanderung im Nebel verlaufen, und der Körper kann innerhalb nur einer Nacht lebensgefährlich unterkühlen. Oder man verletzt sich und ist ohne Smartphoneempfang oder GPS-Gerät plötzlich auf sich allein gestellt. Für alle Naturliebhaberinnen, Outdoorbegeisterten und Menschen,

die sich einmal aus ihrer Komfortzone hinausbegeben und ihre Fähigkeiten zum Leben in und mit der Natur wiederentdecken möchten, bietet Survivaltrainer Gion Saluz verschiedene Kurse und Trainings

an. Wer die Basics zum Überleben in der Wildnis kennenlernen will, kann dies schon bei einem 1-Tages-Kurs tun. Ideal für einen Ausflug mit deiner Freundin, die immer so waghalsige Unternehmungen macht, oder deinem Freund, den du endlich mal aus seinem Gamingsessel locken willst.

Anhand von vier Modulen eignet ihr euch die wichtigsten Überlebensskills an und verbringt dabei einen einzigartigen Tag im Wald. Warum solltest du, wenn immer möglich, durch die Nase statt durch den Mund atmen? Was kann dir bei einem Gewitter das Leben retten? Und wieso sollten Mann und Frau immer einen Tampon bei sich haben? Innerhalb weniger Stunden erfahrt ihr so einige hilfreiche Tipps und Tricks von Gion, die euch in Notsituationen das Leben retten können.

Nach einem Spaziergang vom Treffpunkt zum Survivalcamp geht es los mit dem ersten Modul, bei dem ihr mit eigenen Händen aus Naturmaterialien eine wetterfeste Unterkunft baut. Danach lernt ihr, mit welchen Materialien und Techniken ihr ein Feuer machen könnt, und im dritten Teil erfahrt ihr, wie ihr Wasser findet und zum Trinken aufbereitet. Zum Schluss zeigt euch Gion, welche Wildpflanzen ihr essen könnt (Kostprobe inklusive) und welche ihr besser dort lasst, wo sie sind, auch wenn der Magen noch so sehr knurrt.

Am Ende des Kurses seid ihr schon ganz gut aufgestellt, um in Notsituationen zu überleben, und wisst: Ein Messer (als Werkzeug und Waffe), ein Feuerzeug (für eine stetige Flamme) und eine Taschenlampe (für Licht und Signale) sollten bei einem «Trip into the Wild» immer mit dabei sein.

IM FOODIE-PARADIES

➤➤ Heil- und Wildpflanzen in der Stadt
Wer mitten in der Stadt an der Limmat entlangspaziert,
ahnt wohl nicht, dass hier Essbares wächst. Ob im Wald
oder auf der Wiese beim Hönggerberg, im Tössthal
oder mitten im Stadtzentrum: Mit Sarah Zehnder von
«Grünkraft» taucht man in Kursen und Führungen in
die städtische und ausserstädtische Pflanzenvielfalt ein
und lernt etwas über die Wirkungen und Zubereitungs-
möglichkeiten der Naturschätze. Lass dich überraschen!
www.grunkraft.ch

➤➤ Food Zürich
Jeweils im September findet in Zürich während elf Tagen
eines der drei grössten Food-Festivals Europas statt. Gar
nicht mal so überraschend, denn mit über 2.900 Restau-
rants gehört Zürich zu den weltweiten Spitzenreitern in
Sachen Restaurant-Dichte.
Mit über 100 Events, vom Trüffel-Kurs, dem Craftbier-
Tasting über die Schoggi-Safari bis zur Podiumsdiskus-
sion über die Zukunft einer nachhaltigen Esskultur, ist
bei «Food Zürich» jedes kulinarische Thema vertreten.
Auf dem Slow Food Market präsentieren sich kleine
Manufakturen und innovative Food-Start-ups, und das
Festivalzentrum verköstigt seine Besucherinnen und
Besucher mit Slow Food, Street Food und Fine Food.
www.foodzurich.com

TIPP

DURCH WALD UND WIESE WANDERN

RESTAURANT JURABLICK

Jurablick 1, 8143 Uetliberg
jurablick.com
ÖPNV: 15 Minuten Fussweg von den SZU-Stationen
Ringlikon und Uetliberg oder eine Stunde ab Triemli oder Albisrieden

Lust auf einen Ort, den selbst die meisten Alt-Zürcher und Stadtbewohnerinnen nicht kennen? Auf ein wunderbares Panorama? Auf hausgemachte Kuchen, selbst gemachtes Glace und feine Plättli? Dann schnapp dir deinen Lieblingsmenschen, schnürt eure Trekkingschuhe und stattet dem Restaurant Jurablick einen Besuch ab. An einem heissen Sommertag findet ihr hier oben Abkühlung, im Herbst geniesst ihr den farbenfrohen Wald und Wildspezialitäten, und im Winter heisst es: Fondue- und Schlittelzeit!

Doch wer im Jurablick einkehren will, muss es sich zuerst verdienen, denn das Restaurant liegt abseits der bekannten Wege und ist nur zu Fuss erreichbar. Zum Glück gibt es am Uetliberg unzählige schöne Trampelpfade. Liegt der Ausgangspunkt in der Stadt, könnt ihr die Sihltal-Zürich-Uetliberg-Bahn (SZU) bis zur Haltestelle Ringlikon oder Uetliberg nehmen und geht die letzte Viertelstunde zu Fuss. Der Weg ist es wert, denn wer es über Nagelfluh und durch Wald und Wiese zum Restaurant geschafft hat, wird gleich mehrfach belohnt.

Die Gegend rund um den Uetliberg ist ein grosses Natur- und Landschaftsschutzgebiet und Heimat von einigen stark bedrohten Tier- und Pflanzenarten wie der Schlingnatter, dem Perlgrasfalter oder der Niedrigen Schwarzwurzel. Und inmitten dieser Naturvielfalt steht der Jurablick. Das Haus, in dem heute das Restaurant untergebracht ist, ist etwa 100 Jahre alt und diente früher als Vereinslokal. Damals standen Biberli, Tee und Stumpen auf dem Menü. Heute gibt es ein vielseitiges kulina-

risches Angebot, und das Restaurant sprüht vor Charme. Vom Garten aus hat man an klaren Tagen eine fantastische Weitsicht, und in der Stube versinkt man in Gemütlichkeit. Trotzdem ist der Jurablick nach wie vor ein Geheimtipp, da das Restaurant nicht auf der Stadtseite des

Uetlibergs liegt und das Gastgeberduo Esther und Reto kaum Werbung macht. Die beiden schmeissen den Betrieb seit 2020 und machen vom Kochen übers Servieren alles selbst.

Hat man sich an der Aussicht sattgesehen (übrigens sieht man den Jura eigentlich gar nicht, dafür bei schönem Wetter Eiger, Mönch und Jungfrau – auch gut, oder?), hat man die Qual der Wahl zwischen dem wöchentlichen Menü, selbst gemachtem Glace oder einem Eistee des Hauses. Gekocht wird frisch mit dem, was die Natur liefert. Neben Käse- und Fleischplättli gibt es wöchentlich wechselnde Schmorgerichte aus dem Kachelofen, selbst gemachte Suppen oder vegetarische Eintöpfe. Oder ihr probiert euch durch die diversen hausgemachten ausgefallenen Sirupsorten. Egal ob Waldmeister, Ingwer-Zitrone, Lavendel, Rosenblüten oder Zwetschgen: Den Jurablick verlässt niemand durstig. Schlemmen kann man mit gutem Gewissen, denn die Gastgeber:innen legen grossen Wert darauf, dass die Zutaten möglichst saisonal und regional sind. Und das Trinkwasser kommt direkt von der eigenen Quelle. Wer es am Wochenende schon früh aus den Federn schafft, wird ausserdem mit frischem, hausgemachtem Zopf belohnt. Na, wenn das mal kein Grund ist, den Wecker zu stellen!

MIT DEM LIEBLINGSMENSCHEN

Arm in Arm
die Stadt erkunden

IM BROCKI VON
DER RUTSCHBAHN SAUSEN
ARCHE BROCKENHAUS

Hohlstrasse 489, 8048 Zürich
www.archezuerich.ch/arche-bistro-brockenhaus
ÖPNV: Haltestelle Letzibach oder Altstetten, Bahnhof

Sich mal wieder wie ein Kind fühlen: unbeschwert, hemmungslos und verspielt. Wäre schön, oder? Dein Wunsch wird im Arche Brockenhaus in Altstetten erfüllt, denn hier kann sich die Kundschaft nicht nur über eine riesige Auswahl an kuriosen, antiken und hübschen Fundstücken freuen, sondern auch über eine Rutsch-

bahn aus dem Jahr 1980, welche die beiden Stockwerke miteinander verbindet. Wenn das nicht nach einer Shoppingtour mit der Mama oder dem besten Freund schreit! Hier könnt ihr euch im oberen Stock zu cooler Oldies-Musik durch Kleider, Bücher und Vasen wühlen und danach mit eurer Ausbeute über die grosse Rutsche in das untere Stockwerk sausen, wo Schallplatten, Möbel und Elektrogeräte darauf warten, von euch gefunden zu werden.

Nachhaltigkeit beim Einkaufen ist heute für viele ein Muss. Und so erleben auch die Brockenhäuser zurzeit ein Revival. Verstaubt, schmuddelig und hässlich? Das ist passé. Die heutigen Brockis sind zu hippen Orten geworden, wo Jung und Alt Unikate und Raritäten aufstöbern.

Doch ein Besuch lohnt sich nicht nur zum Einkaufen und Rutschen, sondern auch, um Kultur zu geniessen. Im Arche Brocki finden nämlich regelmässig Veranstaltungen wie der beliebte Setzlingsmarkt, Konzerte und Lesungen statt. Am besten informiert man sich vor dem Besuch auf der Website über das aktuelle Programm.

Nach so viel Action müssen die Energiespeicher natürlich wieder aufgefüllt werden. Zum Glück braucht ihr nicht lange zu suchen: Im Arche Bistro und dem dazugehörigen Garten könnt ihr euch über Mittag ein regionales Tagesmenü (mit Fleisch und vegetarisch) oder eine Suppe und nachmittags ein Stück Kuchen oder ein Glace gönnen.

ZÜRICH
MIT DEN FÜSSEN LESEN

BUX APP

Download: www.bux-app.ch
Nur als iOS-App erhältlich

Zürich ist ein Mekka für Literaturbegeisterte. Buchhandlungen gen und Bibliotheken sind da nur die Spitze des Eisbergs, d Limmatstadt dient Schriftstellerinnen und Schriftstellern imm der als Inspirationsquelle für ihre Werke, und viele von ihnen haben gar einen Teil ihres Lebens in Zürich verbracht.

Mit der BUX App habt ihr die Qual der Wahl zwischen 13 literarischen Touren. Mittels Audio, Text, Bild, 360°-Video und sogar Augmented Reality wird eure nächste Stadtentdeckungstour zu einem multimedialen Erlebnis. Und das völlig kostenlos! Während ihr auf einer Route unterwegs seid, erhaltet ihr ausserdem Insidertipps von Künstlerinnen und Literaten zu Kultur, Kulinarik und besonderen Erlebnissen.

Auf einer Tour taucht ihr mit dem Autor Thomas Meyer in die unbekannte jüdische Lebenswelt in Zürich Wiedikon ein und besucht die Schauplätze seines Romans «Wolkenbruchs wunderliche Reise in die Arme einer Schickse». Mit dem Autor Philipp Tingler entdeckt ihr anhand seines Werkes «Schöne Seelen» die Welt des Zürcher Geldadels. Und Krimifans geraten mit Autorin Mitra Devi beim Krimi-Spaziergang «Zürichs Seitengassen» in die Ermittlungen zu einer Entführung. Oder wie wäre es, dem Zürcher Autor Martin Suter in einem Bankenthriller zu folgen? Eine Tram-Tour durch die Welt des irischen Schriftstellers James Joyce in Zürich zu machen? Oder gemeinsam mit Schauspielerin Laura de Weck mittels SMS-Konversationen in das Leben von fünf Zürcher Studierenden hineinzublicken?

Am besten schnappst du dir gleich deine literaturbegeisterte Freundin (oder auch deinen kulturmuffligen Freund) und tauchst in die erste Geschichte ein.

SECONDHAND-RARITÄTEN AUFSTÖBERN
KREISFLOHMI

Die Durchführungsorte und Stände sind
auf der Onlinekarte von kreisflohmi.ch zu finden:
kreisflohmi.ch

Eine antike Weltkarte, ein glitzerndes Top oder eine Kiste randvoll mit Büchern: Wenn man über einen Flohmarkt schlendert, weiss man nie, was einen erwartet. Ein besonderes Konzept verfolgt der jährliche «Kreisflohmi», denn er ist Flohmarkt und Quartiersfest in einem. Er findet jeweils samstags im August und September statt – und zwar jedes Mal in einem anderen Stadtteil Zürichs. Die Bewohnerinnen und Bewohner der Quartiere können sich kostenlos anmelden und ihren Stand auf Privatgrund errichten. Manche der Flohmi-Stände befinden sich in Wohnungen oder Innenhöfen, andere in Gärten, Garagen oder sogar auf Dachterrassen. Auf der Homepage gibt es eine Karte, auf der alle Flohmi-Stände eingetragen sind. Die Karte kannst du sogar auf dein Handy herunterladen und dich von Stand zu Stand lotsen lassen.

Ob im hippen Kreis 3, im quirligen Kreis 4 oder im grünen Kreis 10: Während du Fundstücke aufstöberst, lernst du neue Ecken der Quartiere kennen und kommst ganz entspannt mit den Locals in Kontakt. Beim Quartierflohmi tummeln sich die unterschiedlichsten Menschen: von der Familie auf dem samstäglichen Ausflug und dem Hipster-Paar über die Passantin, die nur auf dem Weg zur Tramhaltestelle war und sich plötzlich in einer Bücherkiste wühlend wiederfindet, bis hin zum Schnäppchenjäger, der auf der Suche nach dem Jahrhundertfund schon bereitsteht, wenn die Stände gerade erst eingerichtet werden. Macht euch gemeinsam auf Entdeckungstour, taucht ins Quartierleben ein und ersteht dabei Schönes, Brauchbares und Unbrauchbares.

MORGENS ÜBER DEN MARKT SCHLENDERN

WOCHENMARKT HELVETIAPLATZ

Helvetiaplatz, 8004 Zürich
www.zuercher-maerkte.ch/helvetiaplatz.html
ÖPNV: Haltestelle Helvetiaplatz oder Stauffacher

Die ersten Sonnenstrahlen des Tages im Gesicht, den Geruch von einem frischen Gipfeli in der Nase, ein wild durchmischter Stimmenteppich und geschäftiges Treiben: Ein Besuch auf dem Helvetiamarkt fühlt sich an wie ein Urlaub für die Seele.

Immer mehr Menschen wollen wissen, woher ihr Essen kommt. Da erstaunt es nicht, dass Einkaufen auf dem Wochenmarkt zurzeit ein richtiges Revival erlebt. Denn auf dem Markt findet man besonders viele frische, regionale und saisonale Produkte, die meistens nicht mal teurer sind als im Supermarkt. Zudem ist das Einkaufen auf dem Markt nicht nur gut für die Umwelt und das Portemonnaie, sondern ausserdem ein echtes Erlebnis.

Für alle, die schon regelmässig auf dem Markt einkaufen, aber auch für die, die sich mal zu einem Besuch hinreissen lassen wollen, gibt es in Zürich zahlreiche Optionen. Ganz besonders vielfältig ist der Markt auf dem Helvetiaplatz im Kreis 4. Denn auf wohl keinem anderen Markt in Zürich treffen so viele Nationalitäten aufeinander wie in diesem multikulturellen Stadtteil.

Hier findest du Apfelsorten, die du im Supermarkt wahrscheinlich noch nie gesehen hast, einheimische und exotische Gemüse und Früchte, frisch gebackenes Brot, selbst gemachte Konfitüren und Trockenfrüchte oder liebevoll arrangierte Blumensträusse.

Auch wer nicht in Zürich wohnt, kann sich mit all den Leckereien eindecken, zum Beispiel für ein anschliessendes Picknick. Also gleich die beste Freundin oder den besten Freund schnappen, den Einkaufskorb mit frischem Brot, Oliven, Käse und Früchten füllen und ab in den nächstgelegenen Stadtpark (zum Beispiel die Bäckeranlage oder den Botanischen Garten) oder an die Sihl.

INS VINTAGE-PARADIES EINTAUCHEN
SECONDHAND- UND VINTAGEBOUTIQUEN

Marta, Brauerstrasse 58, 8004 Zürich, www.marta-flohmarkt.ch
Barbar Vintage, Bleicherweg 70, 8002 Zürich,
www.instagram.com/barbar_vintage
The New New, Rotbuchstrasse 16, 8006 Zürich, www.thenewnew.ch

Secondhand- und Vintageboutiquen. Man findet sie in jeder grösseren Stadt: die internationalen Modelabels und -ketten. Da ist es nicht verwunderlich, dass gefühlt alle in denselben weissen Sneakern, Skinny Jeans und beschrifteten Hoodies herumlaufen. In den Geschäften an der Bahnhofstrasse und rund um den Paradeplatz sowie in den Boutiquen an der Europaallee kann man richtig viel Geld liegen lassen.

Wer Lust auf Einzelstücke und Vintage-Teile hat, begibt sich stattdessen auf eine alternative Shoppingtour zu den zahlreichen Secondhand- und Vintageboutiquen der Stadt. Und damit sind nicht etwa diese muffigen oder altbackenen Geschäfte gemeint, die aussehen, als hätte schon seit einem halben Jahrhundert niemand mehr einen Fuss über die Türschwelle gesetzt. In Zürich gibt es nämlich gleich mehrere trendige Secondhand- und Vintage Stores, die Kleidungsstücke mit Herzblut zusammenstellen und weiterverkaufen. Wer sich nach ein wenig mehr Individualität und Nachhaltigkeit im Kleiderschrank sehnt, sollte also unbedingt die grosse Einkaufsmeile hinter sich lassen und ein paar alternative Ladenkonzepte entdecken.

1. MARTA: DER REGALFLOHMARKT
Der Regalflohmarkt Marta ist hip eingerichtet, geräumig und modern: ganz anders als das typische Bild, das man wohl von einem Flohmarkt hat. Bei Marta kann jeder und jede wochenweise ein Regal mieten und dort nicht mehr gebrauchte Kleider verkaufen. Aber auch junge Desig-

nerinnen und Designer sowie Online-Shops ohne eigenes Geschäft mieten regelmässig Regale in den beiden Marta-Geschäften in Zürich. Und

weil fast täglich neue Leute ihre Sachen ausstellen, gleicht kein Besuch bei Marta dem anderen. So schlendert man von Regal zu Regal und kann sogar auf den Etiketten nachlesen, wer das Kleidungsstück verkauft. Wenn man Glück hat, findet man genau die Person, mit der man Geschmack und Kleidergrösse teilt.

2. BARBAR VINTAGE

Du stehst auf neonfarbene Shell Jackets aus den 90ern, oversized Denim Jackets aus den 80ern oder farbenfrohe, bodenlange Kleider aus den 70ern? Dann nichts wie los zur Barbar Vintage Boutique, einem Familienbetrieb am Bleicherweg. Dort stöberst du zu beschwingter Musik mitten im Bankenviertel durch Vintage-Teile und Unikate, welche die Besitzerin auf Märkten überall auf der Welt einkauft. So gibt es auch jede Woche wieder neue Sachen zu entdecken. Die Boutique ist der perfekte Ort, um mit der besten Freundin oder dem besten Freund das Outfit für die nächste Party zusammenzustellen oder deinem Kleiderschrank ein paar ausgefallene Akzente hinzuzufügen.

3. THE NEW NEW

Ein Statement für den bewussten Konsum setzt auch der Secondhand-Store The New New. Jedoch findet man hier weniger Vintage- und dafür mehr legere Alltagskleidung und Designerware für Frauen, Männer und Kinder. Schon von aussen ist der Store mit seinem violetten Anstrich ein echter Blickfang. Einmal drinnen, will man kaum mehr gehen. Im The New New gibt es Secondhand-Kleidung von den Marken Acne bis Zara, liebevoll kuratiert und frisch gebügelt. Neben Schuhen, Kleidungsstücken und Accessoires werden auch einige Interior-Gegenstände wie Lampen, Bilder oder Vasen verkauft.

NACHHALTIGES ZÜRICH

➤➤ Ausstellungen im Klimapavillon
Der Klimapavillon ist Treffpunkt und Plattform für alle, die sich für die Klimakrise und Klimaschutz interessieren. Hier findet ihr wechselnde Ausstellungen und Angebote wie ein Tauschhaus, ein Velokino, ein Klimabüro mit kostenloser Energieberatung oder Events rund um die Klimathematik.
Werdmühleplatz, 8001 Zürich

➤➤ Karte der Möglichkeiten
Eine Stadtkarte mit allen nachhaltigen Shops und Dienstleistungsangeboten in Zürich? Die gibt's auf der Website von Transition Zürich. Nachhaltige Restaurants, Foodsharing-Angebote, Secondhand-Shops, Repair-Cafés und Upcycling-Events machen nur einige der Einträge aus. Neben der Stadtkarte listet die separate «Karten der Möglichkeiten» Angebote für die verschiedenen Zürcher Quartiere auf.
transition-zuerich.ch/quartierkarten

➤➤ ZeroWaste-Ladencafés
Im FOIFI und ZOLLFREI, Zürichs ersten ZeroWaste-Ladencafés, könnt ihr von Biolebensmitteln bis zu natürlichen Hygiene- und Haushaltsartikeln verpackungsfrei einkaufen und im Café einen hausgemachten Eistee geniessen. Hier finden ausserdem regelmässig Workshops rund um die Themen Nachhaltigkeit und Zero Waste statt.
FOIFI: Gartenhofstrasse 27, 8004 Zürich
ZOLLFREI: Freilagerstrasse 71, 8047 Zürich

TIPP

BEI REGEN ZU DEN SUKKULENTEN FLÜCHTEN
SUKKULENTEN-SAMMLUNG

Mythenquai 88, 8002 Zürich
www.stadt-zuerich.ch/ted/de/index/gsz/sukkulenten-sammlung-zuerich1
ÖPNV: Haltestelle Sukkulentensammlung

Tritt man aus dem Regen in die warmen Gewächshäuser, vergisst man schnell, dass man sich eigentlich in Zürich befindet. Denn umgeben von Agaven, Aloen, Dickblattgewächsen und Kakteen fühlt sich selbst der trübste Regentag wie Ferien in Mexiko oder Madagaskar an. Die perfekte Gelegenheit, um mit der Liebsten oder dem Liebsten das Fernweh zu stillen.

Die Sukkulenten-Sammlung in Zürich wurde 1931 für das Publikum geöffnet und gilt als eine der am besten dokumentierten und artenreichsten Spezialsammlungen sukkulenter Pflanzen weltweit. Sukku was? Sukkulenz (von lateinisch «succus» = Saft) bedeutet ganz einfach die Fähigkeit zur Wasserspeicherung. So kann eine Pflanze in der feuchten Jahreszeit Wasserreserven für die Trockenzeit anlegen. Wer jetzt an Kakteen denkt, hat recht. Aber nur zum Teil, denn Kakteen machen mit 1.890 Arten nur einen Bruchteil der weltweit rund 15.100 bekannten Sukkulentenarten aus.

Etwa 4.500 verschiedene Sukkulentenarten, darunter auch zwölf sukkulente Nutzpflanzen, welche die Menschen teilweise schon seit Tausenden von Jahren verwenden, können auf einem Rundgang durch die sieben Schauhäuser der Sukkulenten-Sammlung in Zürich bestaunt werden. Hast du zum Beispiel gewusst, dass Ananas, Tequila und Vanille nicht nur beliebte Nahrungs- und Genussmittel, sondern auch Produkte von sukkulenten Nutzpflanzen sind? Dank des wechselnden Schwerpunktes erfährst du in der Sukkulenten-Sammlung mehr über Themen wie dieses.

In den Gewächshäusern bestaunt man Sukkulenten aus Süd- und Nordamerika bis hin zu Afrika, läuft an einer Kaktusfeige vorbei, aus deren Samen eines der teuersten Öle der Welt gewonnen wird, oder bekommt Sukkulenten zu sehen, die in der Natur gar nicht mehr vorkommen. Auch speziell: Eine reine Sukkulenten-Sammlung wie die in Zürich ist in Europa einzigartig.

Will man mehr wissen, als auf den Infotafeln neben den einzelnen Pflanzen steht, erhält man via QR-Codes weitere Informationen. Wer nicht lesen mag, kann sich auch für eine der kostenlosen öffentlichen Führungen anmelden oder eine der diversen Veranstaltungen besuchen.

Für Kinder gibt es zudem die Kaktus-Safari, bei der die Kids mit einer kleinen Broschüre ausgestattet selbst auf Entdeckungstour gehen und spielerisch lernen und rätseln können.

Und falls der Regen dann doch mal kurz Pause macht, lohnt sich auch ein Blick in den Aussenbereich, wo ein Steingarten mit winterharten Sukkulenten aus aller Welt zu einem Spaziergang einlädt. Nach dem Besuch noch nicht genug von den Sukkulenten? Wer eine Pflanze mit nach Hause nehmen möchte, kann sich im Foyer sogar mit kleinen Sukkulenten oder Samen eindecken.

Natürlich kann die Sukkulenten-Sammlung auch bei schönem Wetter besucht werden. Dann empfiehlt es sich jedoch, neben dem Lieblingsmenschen auch noch die Badehose einzupacken, denn in den Gewächshäusern kann es im Sommer ziemlich heiss werden. Zum Glück ist der See gleich nebenan!

NICHT WARTEN,

BIS DIE **BESTE ZEIT** KOMMT,

SONDERN DIE **JETZIGE** ZUR BESTEN MACHEN.

(MONIKA MINDER, SCHWEIZER LYRIKERIN)

KUNST IM
URBANEN GARTEN ERLEBEN
FRAU GEROLDS GARTEN

Geroldstrasse 23/23a, 8005 Zürich
www.fraugerold.ch
ÖPNV: Bahnhof Hardbrücke

Fast jede Stadt hat ihn: den «place to be». Ein Ort, der genauso gut für erste Dates, für Mamis und Papis mit ihren Kids oder für ein Feierabendbier funktioniert. In Zürich steht der 2012 eröffnete Frau Gerolds Garten mit Sicherheit ganz weit oben auf der Liste.

Zur einen Seite ragt der rustikale Freitag-Turm in die Höhe, zur anderen der glänzende Prime Tower, und irgendwo dazwischen liegt die grüne Oase von Frau Gerolds Garten. Seit 2012 hat sich das Gelände in einen modularen Stadtgarten verwandelt, der die Herzen aller Hipster höherschlagen lässt. Ein Nutzgarten, eine Bar mit Küche in Schiffscontainern, kleine Shops und diverse Sitzmöglichkeiten: Im Frau Gerolds Garten kann man sowohl zur Ruhe als auch in Fahrt kommen. Was nicht alle wissen: Hier kann man nicht nur lecker und regional essen oder Bier trinken, sondern auch Kunst bestaunen. Einzelne Flächen auf dem Areal werden nämlich von Künstlerinnen und Künstlern passend zur Saison gestaltet.

Noch mehr Kunst und Design gibt es bei den Designmärkten im Herbst und Frühling, wo junge Labels an ausgesuchten Samstagen ihre Produkte auf dem Areal ausstellen. Die Gerold Shops und Ateliers mit Pop-up-Ausstellungen in der Containerkonstruktion sind zudem ganzjährig geöffnet.

Ein Besuch bei Frau Gerold ist immer wieder aufregend und neu, denn nicht nur die Kunst passt sich der Jahreszeit an, sondern auch das gastronomische Angebot.

FOTOS SCHIESSEN VOR DER WALL OF FAME
OBERER LETTEN

Lettensteg, 8037 Zürich
ÖPNV: vom Hauptbahnhof zu Fuss entlang der Limmat
bis zum Oberen Letten

Spaziert man vom Hauptbahnhof an der Limmat entlang bis zur Bar Primitivo, wird man jedes Mal mit neuen, farbigen Graffiti überrascht. Oft verbindet man ja mit den gesprayten Bildern, Zeichen und Schriftzügen im öffentlichen Raum etwas Illegales, und häufig stimmt das auch. Doch längst nicht immer. Gibt die Eigentümerin oder der Eigentümer einer Fläche die Erlaubnis, ist das Sprayen von Graffiti absolut legal. Zürich hat sogar spezielle stadteigene Flächen, auf denen jeder und jede sprayen darf. So auch einige am Oberen Letten, wie zum Beispiel die «Wall of Fame». Wer einmal mit eigenen Augen sehen möchte, wie ein Graffito entsteht, hat gute Chancen, dort einen Blick darauf zu erhaschen. Und das Interesse unter Sprayerinnen und Sprayern scheint gross, denn jede Woche zieren neue Bilder die Oberflächen. Die farbenfrohen Wände eignen sich übrigens auch wunderbar für ein artsy Fotoshooting.

Graffiti-Techniken sind sehr variantenreich. Die ersten Graffiti in Form von privaten Inschriften auf Gräbern, an Tempeln oder Statuen gehen auf das alte Ägypten zurück. Und auch bei den Römern sowie im alten Griechenland, bei den Maya, den Wikingern oder im Mittelalter gab es Graffiti – auch wenn diese damals natürlich nicht so genannt wurden.

Wer die Vielfalt der modernen Graffitikunst erleben möchte, kommt bei einem Spaziergang entlang der Limmat jedenfalls mit Sicherheit auf seine Kosten. Und Bars, Cafés und Restaurants für die Stärkung zwischendurch gibt es ebenfalls zur Genüge.

EINE EXOTISCHE REISE UNTERNEHMEN
STADTGÄRTNEREI

Sackzelg 27, 8047 Zürich
www.stadt-zuerich.ch/ted/de/index/gsz/stadtgaertnerei
ÖPNV: Haltestelle Hubertus

Eine exotische Reise, ohne ins Flugzeug zu steigen? In der Stadtgärtnerei Zürich ist's möglich. Gemeinsam mit dem Lieblingsmenschen erkundet man einen dünenähnlichen Sandgarten, spaziert durch ein Palmen- und Tropenhaus und entspannt zum Schluss bei einem kleinen Picknick im Park. Und das kostenlos an 365 Tagen im Jahr.

Als Ausgangspunkt bietet sich der Haupteingang mit seinen zwei imposanten chinesischen Mammutbäumen an. Von dort aus geht es durch den Park mit seinen europäischen und überseeischen Pflanzen. Ein Halt beim Taschentuchbaum (Davidia Involucrata) sollte dabei auf keinen Fall fehlen. Je nach Temperatur trägt dieser nämlich zwischen März und Mai unzählige weisse Blätter, die wie Taschentücher aussehen. Wer Mitarbeitenden über den Weg läuft, sollte die Gelegenheit nicht verpassen, sich nach dem Lebkuchenbaum zu erkundigen. Den Namen verdankt der Baum seinen Blättern, die wunderbar – man ahnt es schon – nach Lebkuchen riechen. Besonders im Herbst, wenn das Laub auf dem Boden einen weichen, duftenden Teppich bildet, ist das ein Erlebnis für die Sinne.

Weiter geht's zum geschützten Sandgarten, der 1962 angelegt wurde. Mit diesem wollte man der breiten Bevölkerung, die damals noch nicht die Möglichkeit hatte, zweimal im Jahr an den Strand zu fliegen, das Gefühl von Exotik vermitteln. Doch auch heute kann man hier inmitten von südamerikanischen Korallensträuchern, Yucca-Palmen, Hanfpalmen und einem Becken mit Wasserschildkröten ein wenig das Fernweh stillen.

Nach dem Steingarten spaziert man zum Palmenhaus, vor dem Dutzende Kübelpflanzen stehen. Darunter auch eine, die japanische Cycas, welche die Erde noch vor den Dinosauriern besiedelte und damit zu den ältesten Pflanzen der Welt gehört. Dann betritt man das Palmen-

haus, wo Kiebitze und Zebrafinken um einen herumflattern. Wer Geduld hat, bekommt vielleicht sogar einen Purpurglanzstar oder einen Amethystglanzstar zu sehen, die in allen Blau-, Rot- und Violett-Tönen schimmern, je nachdem, wie das Licht einfällt. Die nächste Station ist das Tropenhaus, wo die farbenfrohen Blüten, exotischen Früchte, das Tosen des Wasserfalls, die Wärme und die hohe Luftfeuchtigkeit einen direkt in eine andere Zeit- und Klimazone katapultieren. Hier wandelt man mit dem Lieblingsmenschen zwischen Kaffee-, Kakao- und Ananaspflanzen, Kurkuma, Passionsfrüchten, Mangobäumen, Mangroven und sogar einer Mickey-Mouse-Pflanze (Sägeblättrige Nagelbeere). Es lohnt sich, an jeder Blüte zu riechen, sofern gerade keine Biene dran ist. Denn eine solche breite Duftpalette von Ylang-Ylang-Blüten über Jasmin bis hin zu Frangipani findet ihr in Zürich ausser in der Parfümerieabteilung wohl kaum irgendwo.

Zum Abschluss des Spaziergangs stattet man noch den grosszügigen Gartenflächen einen Besuch ab, wo sich Grün Stadt Zürich und ProSpecieRara um die Produktion alter und seltener Gemüse- und Blumensorten kümmern.

Und wer schon immer mal eine Wildbanane kosten, mehr über Farne, die «lebenden Fossilien» lernen oder beim «Fiirabig-Gärtnere» in der Gruppe hacken, säen und ernten wollte, sollte ausserdem online einen Blick auf die «Grünagenda» werfen, wo alle Events und Führungen der Stadtgärtnerei (die meisten davon kostenlos) aufgeführt sind. Auf der Website der Stadtgärtnerei findet man zudem alle Informationen zur aktuellen Ausstellung.

NÜTZLICHE APPS UND WEBSITES

➤➤ Zürich City Guide App

Mit der kostenlosen Zürich City Guide App kannst du in wenigen Sekunden Zürichs Sehenswürdigkeiten, Museen, Restaurants und vieles mehr entdecken. Ausserdem zeigt die App, wo du in der Stadt Brunnen mit Trinkwasser und öffentliche Toiletten findest.

So hast du deinen persönlichen digitalen Reiseführer immer mit dabei. Auf der App kannst du zudem den Stadtpass «Zürich Card» kaufen, mit dem du für 24 oder 72 Stunden freie Fahrt in allen öffentlichen Verkehrsmitteln im Stadtzentrum und diverse Vergünstigungen geniesst.

Für iOS und Android auf Deutsch, Englisch, Italienisch und Französisch.

➤➤ Erlebnisse mit VisitLocals

Auf VisitLocals kannst du ungewöhnliche Aktivitäten mit verschiedenen lokalen Guides buchen, die ihre Passion oder ihr Hobby mit Gästen teilen wollen, und so die Stadt fernab der Touristenströme entdecken. Naturyoga? Vintage-Stadttour? Oder ein arabischer Abend inklusive Kamelreiten? Hier gibt's Erlebnisse, die sonst nirgendwo zu finden sind.

www.visitlocals.ch

TIPP

DEN KOPF LÜFTEN
AUF DEM KÄFERBERG
AUSSICHTSPUNKT WAID AM KÄFERBERG

Waidbadstrasse 45, 8037 Zürich
diewaid.ch
ÖPNV: Haltestelle Waidbadstrasse oder zu Fuss vom Hauptbahnhof

Manchmal grübelt man stundenlang über die gleiche Sache und kommt einfach nicht weiter. Was da hilft? Bewegung, Natur und Weitsicht. Auf dem Käferberg (oder auch «Chäferberg») findest du alle drei. Dieser bildet zusammen mit dem Waidberg und dem Hönggerberg einen Höhenzug und ist einer der Hausberge Zürichs. Also nichts wie los: bequeme Schuhe an, Smartphone aus und losmarschiert. Immer weiter in die Höhe. Schliesslich ist eines der Dinge, die Zürich so lebens- und liebenswert machen, dass man eben noch über die belebte Bahnhofstrasse gelaufen ist und nur eine Stunde später schon hoch über der Stadt mitten im Grünen steht.

Von der Innenstadt geht es also los, durch Wipkingen und Höngg bis hinauf zum Aussichtspunkt Waid. Und spätestens jetzt wird man mit einer atemberaubenden Aussicht auf die gesamte Stadt und den Zürichsee belohnt. An klaren Tagen sieht man sogar bis zu den Alpen der Innerschweiz. Während man so aus der Vogelperspektive auf Stadt, See und Berge schaut, kann es gut sein, dass einem das eine oder andere Problem gar nicht mehr so schwer auf der Seele liegt.

Wenn sich Hunger oder Durst melden, kann man hier Rast einlegen. Entweder high budget im Restaurant Waid bei Kaffee und hausgemachtem Tobleronemousse oder low budget auf den diversen Sitzbänken mit dem selbst mitgebrachten Proviant.

Übrigens eignet sich ein Spaziergang zum Aussichtspunkt Waid bei Sonnenauf- oder Sonnenuntergang auch besonders gut für ein romantisches Date. Mit Blick auf die Tausenden Lichter der Stadt werden die Gespräche bestimmt ganz schnell tiefgründig.

DEN RECYCLING-
WOLKENKRATZER ERKLIMMEN
FREITAG-TOWER

Geroldstrasse 17, 8005 Zürich
www.zuerich.com/de/besuchen/sehenswuerdigkeiten/freitag-tower
ÖPNV: Haltestelle Bahnhof Hardbrücke

Schon mal auf 19 aufeinandergestapelten Frachtcontainern in 26 Metern Höhe gestanden? Nein? Dann wird's höchste Zeit! Beim Bahnhof Hardbrücke im trendigen Kreis 5 erwartet Taschenliebhaber und Hobby-Fotografinnen ein besonderer Ort: der Freitag-Tower. Seit 2006 ist er das Zuhause des Flagship Stores der Taschenherstellerin FREITAG inklusive Aussichtsplattform.

Für den Ausflug auf das Aussichtsdach sollte man genug Zeit einplanen, denn die ersten vier Stockwerke des Towers beherbergen etwa 1.800 recycelte Taschenunikate von FREITAG. Perfekt, um mit Mama mal wieder ausgiebig shoppen zu gehen oder mit dem besten Freund und Fahrradliebhaber nach einem neuen Rucksack zu stöbern.

Seit 1993, als die beiden Gründer, die Brüder Freitag, in ihrem WG-Wohnzimmer aus gebrauchten LKW-Planen, alten Fahrradschläuchen und Autogurten die ersten FREITAG-Taschen entwarfen, haben die Produkte nämlich echten Kultstatus erlangt. Auch heute noch werden für die Produkte nur gebrauchte oder vollständig biologisch abbaubare Materialien verwendet.

Hat man es durch die vier Verkaufsetagen und die fünf weiteren Stockwerke über die Treppe bis ganz nach oben geschafft, wird man mit einer fabelhaften Aussicht auf das ehemalige Industriequartier belohnt. In luftiger Höhe schweift der Blick über das Gleisfeld zwischen Hardbrücke und Hauptbahnhof, den Prime Tower und den Üetliberg und wieder zurück zum Lieblingsmenschen.

UNTER 1.000
KLETTERPFLANZEN WANDELN
MFO-PARK

Elias-Canetti-Strasse, 8050 Zürich
www.zuerich.com/de/besuchen/sehenswuerdigkeiten/mfo-park
ÖPNV: Haltestelle Bahnhof Oerlikon

Oerlikon ist wohl den meisten wegen dem Hallenstadion, den Messehallen und Industrieunternehmen bekannt. Doch inmitten all der wuchtigen Bürogebäude, Hallen und Tramgleise verstecken sich auch grüne Oasen. Nur wenige Schritte hinter dem Bahnhof zum Beispiel,

wo früher die Maschinenfabrik Oerlikon stand, befindet sich heute die grösste Gartenlaube der Welt, der MFO-Park. Die Parkanlage mit der begrünten Stahlkonstruktion liegt wie ein Rückzugsort zwischen den Bürogebäuden der Grossfirmen. Im Frühling bestaunt man die schönen Blüten der über 1.000 Kletterpflanzen, im Sommer geniesst man das Vogelgezwitscher, und im Herbst leuchten die Blätter vom «Wilden Wein», der «Bergwaldrebe» und dem «Waldgeissblatt» in gelber, oranger und roter Farbe.

Der MFO-Park ist für alle da. Eltern gönnen sich hier eine Verschnaufpause, während die Kinder beim Brunnen spielen, Influencerinnen und Influencer shooten vor den üppigen Kletterpflanzen, und Verliebte geniessen bei einer Flasche Rotwein die Abendstimmung auf dem Sonnendeck. Der Aufstieg lohnt sich, denn wer sich über die Treppen bis ganz nach oben übers Blätterdach wagt, wird mit einer tollen Aussicht auf den Stadtteil Zürich-Nord belohnt. So kann man sich bei einem der umliegenden Cafés einen Coffee to go oder ein Feierabendbier «überd Gass» holen und über den Dächern von Oerlikon in Ruhe und Zweisamkeit schwelgen. Und selbst wenn es langsam dunkel wird, ist das noch kein Grund, um zu gehen, denn der Park ist abends beleuchtet.

Wer den MFO-Park im Sommer besucht, kommt vielleicht sogar in den Genuss einer der diversen kulturellen Veranstaltungen wie Open-Air-Kino, Partys oder Festivals, die inmitten des grünen Blätterwaldes stattfinden.

EINEN KLIMA-SPAZIERGANG MACHEN
MYCLIMATE AUDIO ADVENTURE

Startpunkt: Hauptbahnhof, 8001 Zürich
App Download: izi.travel/de/app
Direkt zur Tour (Englisch und Deutsch):
izi.travel/de/9afa-myclimate-audio-adventure-zurich-erwachsene/de

Wo wachsen mitten in Zürich Tomaten? Wo findet man in der Stadt grüne Oasen zum Durchatmen? Wo kann man in Zürich nachhaltig einkaufen? Zusammen mit deiner oder deinem Liebsten und einem persönlichen Guide im Ohr kannst du dich auf Entdeckungstour zu innovativen Orten in der Stadt machen und einen Eindruck gewinnen, wie das Zürich der Zukunft aussehen könnte, und das alles völlig kostenlos! Euer Spaziergang führt euch vom Hauptbahnhof über den Platzspitz bis zu den Viadukten und weiter zur Hardbrücke. Von dort geht es via Helvetiaplatz über die Europaallee zum Endpunkt beim Platz Stüssihofstatt im Niederdorf.

Unterwegs lauscht ihr an elf Stationen einer spannenden Geschichte und erfahrt, wo in Zürich zukunftsträchtige und nachhaltige Ideen heute schon gelebt werden. Auf der ca. zweieinhalbstündigen Tour (60 Minuten Hörzeit) durch Zürich könnt ihr all das nicht nur hören, sondern auch sehen und hautnah erleben. Wer etwas schneller vorankommen möchte, leiht sich bei einer der Züri-rollt-Stationen gratis ein Fahrrad und erkundet die Stadt auf Rädern. Egal ob zu Fuss oder mit dem Velo: einfach über izi.travel die Tour aufs Handy herunterladen oder in der gleichnamigen App öffnen, Kopfhörer auf und losspazieren.

Neben dem Audio-Adventure für Erwachsene gibt es zudem einfachere Varianten des Hörspiels für Kinder ab elf und ab fünf Jahren. So wird der Spaziergang zu einem Ausflug für die ganze Familie.

MEHR ÜBER ZÜRICHS FRAUEN ERFAHREN
FRAUENSTADTRUNDGANG

Startpunkt: Lindenhof, 8001 Zürich
www.frauenstadtrundgangzuerich.ch/schnitzeljagd
ÖPNV: Haltestelle Rennweg oder Rudolf Brun Brücke

Strassen, Gebäude und Plätze in Zürich sind mit wenigen Ausnahmen nach männlichen Persönlichkeiten benannt. Anhand dieser Namen kann man einiges über die Geschichte der Stadt erfahren. Aber längst nicht alles. Die Geschichte von Frauen lässt sich daran zum Beispiel nicht ablesen. Eine Handvoll Historikerinnen und Geschichtsstudentinnen riefen deshalb 1991 den Frauenstadtrundgang Zürich ins Leben. Neben kostenpflichtigen Rundgängen bietet die Gruppe auch eine kostenlose digitale Schnitzeljagd an, bei der du von einer App an verschiedene Orte in der Stadt geführt wirst und dabei viel Spannendes über Zürichs Frauen- und Gendergeschichte erfährst. Alles, was du brauchst, ist ein Teammitglied, ein Handy oder Tablet und bequeme Schuhe.

Beim Brunnen auf dem Lindenhof geht's los. Gemeinsam beantwortet ihr nun verschiedene Quizfragen: von spezifisch wie beim Namen einer Skulptur bis allgemein wie zum Alltag der Frauen in Zürich. Nach jeder Station lasst ihr euch von der App überraschen, wohin es als Nächstes geht. Auf dem Rundgang kommt ihr zum Beispiel am ersten Frauen-Denkmal Zürichs vorbei, am ersten öffentlichen Frauen-WC und auch an dem Ort, wo Zürcherinnen zum ersten Mal in den Schwimmunterricht durften. Für jede Frage, die ihr richtig beantwortet, erhaltet ihr Punkte.

Zu jeder Frage gibt's passende Hintergrundinformationen. Und keine Angst, damit sind keine öden Jahreszahlen gemeint, sondern aufschlussreiche Fakten, die man sich auch wirklich merken kann.

DURCH DIE SCIENCE CITY SCHLENDERN

STUDENT VILLAGE, SCIENCE CITY ETH ZÜRICH

Alumni Lounge, ETH Hönggerberg,
Stefano-Franscini-Platz 5, 8093 Zürich
www.alumnilounge.ch
ÖPNV: Haltestelle ETH Hönggerberg

Restaurants, Bars, Geschäfte und sogar eine Sportanlage: Das Science-City-Areal der ETH (Eidgenössische Technische Hochschule) Zürich ist wie ein Kosmos für sich. Die Studieren-den können sogar direkt auf dem Campus wohnen. Die drei Gebäude des «Student Village» mit fast 500 Wohnungen sind die erste Wohnsiedlung, die in Zürich direkt auf einem Campus entstanden ist, und erfreuen nicht nur Studierende dank preiswerter Wohnungen, sondern auch Architekturbegeisterte mit ihrem ausgefallenen Stil. Während die äusseren Fassaden gerade gehalten sind, eröffnen sich im Innenhof runde Schwünge. Artsy Fotos sind da garantiert!

Wer sich nach einem lustigen Abend sehnt, sollte zudem unbedingt der Alumni Lounge auf dem Science-City-Areal einen Besuch abstatten. Egal ob draussen an den Tischen unter den Bäumen oder drinnen in der Bar im Retro-Look: Hier treffen sich Studierende (und Nichtstudierende) mittags zum Essen, nachmittags zum Lernen und abends zum Feiern. Und das (für Zürcher Verhältnisse) ganz schön preiswert. Beim täglichen «Z'Bieri» zwischen 16 und 17 Uhr zahlt ihr pro Deziliter Bier gerade mal einen Franken. Yep, richtig gehört. Nichts wie hin! Den Hunger stillt ihr zwischendurch mit einem der hausgemachten Food Pots, verschiedenen Gerichten aus dem Weckglas. Für eine Prise Unterhaltung sorgt zudem ein Billardtisch.

Wer noch mehr Studentenfeeling möchte, schaut am Mittwochabend beim beliebten «Bieringo» vorbei. Wenn man alle Zahlen richtig hat, gibt's einen kostenlosen Pitcher. Bier-Aficionados sollten zudem einen Blick in den Eventkalender werfen, denn einmal im Monat findet ein moderiertes Biertasting statt, bei dem jeweils das nächste Bier des Monats gekürt wird.

NOCH MEHR PROGRAMM FÜR REGENTAGE

➤➤ **Cineastisches Erlebnis im Arthouse-Kino**
Egal wie es draussen schüttet: In den Arthouse-Kinos der
Stadt ist es immer warm und gemütlich. Zum «Lunch-
Kino» ins Arthouse Le Paris? Oder im bald 100-jähri-
gen Arthouse Piccadilly in einen Woody-Allen-Film
abtauchen? Bei dem Programm und Ambiente bleiben
Regen und Alltag draussen. Filmerlebnisse abseits vom
Mainstream gibt's auch im Kino Houdini und im Riffraff.
Infos unter www.arthouse.ch

➤➤ **Reinigungsritual im Hammam Basar + Salon**
Aufwärmen, sich mit Savon Noir waschen, im Heissraum
schwitzen, danach ein kühlendes Fussbad, sich mit einem
Gommage-Handschuh schrubben und schliesslich auf
dem warmen Nabelstein entspannen und den Körper
mit Tonerde peelen: Bei einem Hammam-Rundgang im
ökologisch gebauten und betriebenen Hammam Basar
kann man sich äusserlich und innerlich reinigen.
Mühlebachstrasse 157–159, 8008 Zürich

➤➤ **Kunst in der Kirche**
Wenn es draussen regnet, hagelt oder schneit, kann man
im Fraumünster zur Ruhe kommen, Kunst bestaunen
und in eine andere Welt eintauchen. Beim Betrachten
der farbig leuchtenden Fenster von Marc Chagall und
Augusto Giacometti oder des Freskenzyklus von Paul
Bodmer gerät die Zeit schon mal in Vergessenheit.
Münsterhof 2, 8001 Zürich

TIPP

MIT DEM LIEBLINGSMENSCHEN

Miteinander entspannen

AN EINER TEEZEREMONIE TEILNEHMEN

MUSEUM RIETBERG

Gablerstrasse 15, 8002 Zürich
rietberg.ch/programm/japanische-teezeremonie
ÖPNV: Haltestelle Museum Rietberg oder Hügelstrasse

Zwölf Jahre: So lange dauert die Ausbildung zum Teemeister oder zur Teemeisterin. Mindestens. Denn eine vollständige japanische Teezeremonie kann je nach Schule und Anlass mehrere Stunden dauern. Dabei muss der komplette Ablauf verinnerlicht sein: Jede Handbewegung und jede Anordnung der Teeutensilien wird bewusst und eindeutig ausgeführt. Jedes Geräusch ist deutlich und gewollt. Es gibt keine Verschwommenheit. Kein Dazwischen. Nur Klarheit. So entsteht eine Atmosphäre, in der man mit jeder Minute präsenter, achtsamer und ruhiger wird.

In der japanischen Teezeremonie verbinden sich Elemente der Zen-Künste und des Kunsthandwerks. Dabei bereitet der Teemeister oder die Teemeisterin in einem speziellen, reduziert eingerichteten Teeraum und in vollkommener Stille eine Schale fein gemahlenen Grüntee (Matcha) für die Gäste zu. Das Ziel ist jedoch gar nicht unbedingt das Trinken des Tees, sondern vielmehr eine Art innere Reinigung durch das Ritual.

Im original japanischen Teeraum «Isshin-an» im Museum Rietberg finden seit 2002 regelmässig japanische Teezeremonien – in verkürzter Form – statt. Teemeister Christoph Meier führt die Gäste während einer Stunde durch die Zeremonie und vermittelt Hintergründe zu wechselnden Schwerpunkten wie der klassischen Tee-Einladung (Chaji) oder den verwendeten Utensilien. Hier kann man den Alltag einfach mal draussen lassen und zur Ruhe kommen.

Wer noch tiefer in die japanische Geschichte eintauchen möchte, kann vor der Zeremonie die Masken und Gewänder für das Nō-Theater sowie Farbholzschnitte und Holzskulpturen in der Japan-Sammlung des Museums bestaunen. Das Eintrittsticket ist bei der Veranstaltungsteilnahme inbegriffen.

ÖFFENTLICHE VILLENGÄRTEN ERKUNDEN
ÜBERALL IN ZÜRICH

Villa Tobler, Winkelwiese 4, 8001 Zürich
Villa Bleuler, Zollikerstrasse 32, 8008 Zürich
Villa Schönberg, Gablerstrasse 14, 8002 Zürich
Villa Hohenbühl, Hohenbühlstrasse 15, 8032 Zürich

Lust auf eine kleine Entdeckungsreise im Grünen? Dazu muss man nicht einmal die Stadt verlassen, denn die diversen öffentlichen Villengärten Zürichs haben so einiges zu bieten. Insgesamt stehen etwa 70 Park- und Grünanlagen in Zürich zur Auswahl. Ein Aufenthalt im Grünen kann den Stresshormon-Pegel signifikant senken – und das gemäss einer Studie der Universität Michigan schon nach 20 bis 30 Minuten. Kombiniert mit ein wenig Bewegung in Form eines Spaziergangs und in Begleitung eines lieben Menschen hellt sich selbst die dunkelste Stimmung auf.

1. DIE MÄRCHENHAFTE: VILLA TOBLER

Mächtige Blutbuchen, eine Pergola und ein Drachenbrunnen mit goldfarbenem Mosaik: All das würde man mitten in der Altstadt wohl kaum erwarten. Doch wer die Augen offen hält, findet den Eingang zum Park der Villa Tobler und wird mit Ruhe und viel Grün belohnt. Teile der Villa werden heute vom Kunsthaus Zürich für Events wie Lesungen, Konzerte oder Bankette vermietet. Der Park der Villa ist jedoch seit 1979 öffentlich zugänglich. Ein wunderbarer Ort, um das Handy in den Flugmodus zu katapultieren und gemeinsam mit der oder dem Liebsten die Stille zu geniessen. ÖPNV: Haltestelle Kunsthaus

2. DIE BLUMIGE: VILLA BLEULER

Die Villa Bleuler ist von der Innenstadt aus gesehen die erste von mehreren imposanten Bauten im Villenquartier Riesbach, welches ab Mitte des 19. Jahrhunderts zu einer beliebten Wohngegend für Gutbetuchte

wurde. Nach fast 100 Jahren in Privatbesitz gehören die Villa Bleuler und der heute öffentlich zugängliche Garten nun der Stadt Zürich. Im Frühling und Sommer kann man hier eine üppige Blumenwiese bestaunen. Aber auch im Herbst, umgeben von farbigen Blättern,

oder im Winter, wenn sich eine Schneedecke und angenehme Stille auf alles legen, lässt sich hier wunderbar abschalten. ÖPNV: Haltestelle Signaustrasse oder Kreuzplatz

3. DIE GESCHICHTSTRÄCHTIGE: VILLA SCHÖNBERG

Vom einfachen Riegelhaus zum zeitweisen Wohnort von Richard Wagner bis hin zur prächtigen Villa und zu einem drohenden Abriss: Die Villa Schönberg und ihr Park haben so einiges durchgemacht. Kurz bevor die Villa und der Park jedoch dem Erdboden gleichgemacht worden wären, kaufte die Stadt beides und stellte sie unter Schutz. Heute ist die Villa Teil des Museums Rietberg und der Garten öffentlich zugänglich. Im Sommer finden hier immer mal wieder kleine Konzerte statt. Neben Spielplatz, Sandkasten und Liegewiese gibt es zahlreiche Sitzgelegenheiten. Und wer gut hinschaut oder hinhört, findet vielleicht sogar die vierbogige Tuffsteingrotte, die in eine Wand eingelassen ist und fast 70 Jahre lang zugemauert war. ÖPNV: Haltestelle Museum Rietberg

4. DAS EHEMALIGE SCHULHAUS: VILLA HOHENBÜHL

Unterricht in einer Villa? Da fällt einem der Schulbesuch doch gleich leichter. Bis 2019 befanden sich nämlich Teile der Kantonsschule Stadelhofen in den Räumlichkeiten der Villa Hohenbühl, die hoch über dem Bahnhof Stadelhofen auf einem Moränenwall thront, der beim Rückzug des Lindtgletschers entstand. Egal ob für einen kurzen Spaziergang über Mittag oder für ein ausgiebiges Picknick unter den alten Bäumen: Ein Besuch lohnt sich auf jeden Fall. ÖPNV: Haltestelle Stadelhofen oder Kreuzplatz oder Bahnhof Stadelhofen

FUTURISTISCHES ZÜRICH

➤➤ The Circle

Verdichtetes Bauen, Stromerzeugung über die Photovol-
taikanlage sowie Rückgewinnung von Energie und Wasser: Im neuen Quartier The Circle am Flughafen Zürich
werden innovative und zukunftsträchtige Ideen schon
heute gelebt. Den halbmondförmigen Gebäudekomplex
mit Shops, Restaurants, einem Hotel und Büroflächen
hat der weltbekannte Architekt Riken Yamamoto entwor-
fen. Zusammen mit dem angrenzenden Park hat sich das
Ensemble innerhalb kürzester Zeit zu einem beliebten
Freizeit- und Arbeitsort entwickelt. Wer einen Blick in
die Zukunft werfen will, erhält hier einen «sneak peak».
Flughafen Zürich, 8058 Zürich

➤➤ Europaallee

Hier wird gewohnt, gearbeitet, studiert, eingekauft,
gegessen und getrunken: in der Europaallee, direkt beim
Hauptbahnhof. Shops, Gastrobetriebe und Freizeitange-
bote laden zur Erkundung ein. Ein 400 Quadratmeter
grosses Wasserspiel, Kunstinstallationen, eine Begrünung
mit 76 Ginkgos und diverse Sitzgelegenheiten machen
das Quartier zu einem Ort, wo man gern verweilt.
Europaallee, 8004 Zürich

TIPP

IM SCHANZENGRABEN ZUM SEE FLANIEREN
SCHANZENGRABENPROMENADE

Startpunkt bei der Gessnerbrücke am
Schanzengraben, 8001 Zürich
ÖPNV: Haltestelle Sihlpost/HB oder Löwenplatz

Eben stand man noch an der dicht befahrenen Strasse mitten im Stadtzentrum, um sich nur wenige Schritte treppab in der Ruhe einer grün-
blauen Naturoase wiederzufinden. Hier unten strömt klares Wasser,
Enten tauchen auf der Suche nach der nächsten Mahlzeit, und Menschen sitzen auf dem Holzsteg und lassen ihre Füsse ins Wasser baumeln.

Die Promenade ist seit 1984 für Fussgänger zugänglich und führt
im Zickzack vom Hauptbahnhof am Kanal und der ehemaligen Stadt-
befestigung entlang bis zur Uferpromenade des Zürichsees. An einigen
Stellen kann man auf Informationstafeln etwas über die Geschichte
des Ortes erfahren und über Treppen in die Oase ein- oder wieder
aus ihr auftauchen.

Um die Mittagszeit verwandelt sich der Schanzengraben zu einem
Treffpunkt zum Essen und Kaffeetrinken. Und nach Feierabend geniesst
man bei einem Bier die letzten Sonnenstrahlen des Tages. Die Schan-
zengrabenpromenade ist jedoch auch der perfekte Ort, um fernab vom
Lärm der Stadt mit deiner oder deinem Liebsten am Wasser entlang-
zuflanieren und über Gott und die Welt zu philosophieren. So steigt
ihr bei der Gessnerbrücke hinunter zur Promenade und kommt an
Orten wie dem «Hallenbad City» oder dem «Flussbad Schanzengraben» (auch als «Männerbadi» und abends als «Rimini Bar» bekannt)
vorbei, spaziert durch den Alten Botanischen Garten, überquert das
Bärenbrüggli und landet schliesslich am Zürichsee. Bei so viel fliessen-
dem Wasser um euch herum tun das bestimmt auch die Gedanken.

SAUNIEREN
UND EISBADEN AM SEE
SEEBAD ENGE

Mythenquai 9, 8002 Zürich
www.seebadenge.ch
ÖPNV: Haltestelle Rentenanstalt, Schweizer Rück oder Bahnhof Enget

Es gibt wohl kaum etwas Belebenderes, als im Winter nach einer Viertelstunde bei 90 Grad Celsius splitternackt in den eiskalten See zu tauchen. Genau diese Kombination bekommt man von Ende September bis Anfang Mai in der Sauna des Seebads Enge.

Hier erwarten euch drei finnische Saunakabinen, zwei Ruheräume mit Liegen, Decken und Magazinen sowie ein grosser Freiluftbereich mit Nichtschwimmerbecken und Seezugang. Direkter geht's wohl kaum: Die Sauna befindet sich nämlich auf einem grossen Floss auf dem See. Beim sanften Schaukeln der Wellen, dem Kreischen der Möwen und dem Gackern der Enten fällt es kinderleicht, in einen entspannten, meditativen Zustand zu kommen. Zudem geniesst man von fast überall, sogar von den Saunakabinen aus, einen herrlichen Blick auf den See und die Berge. Je nach Tages- und Jahreszeit kann man sich auf eine immer wieder andere, besondere Stimmung freuen. Während bei Nebel alles ganz ruhig wird, lässt sich bei Sonnenschein zwischen den Saunagängen sogar draussen relaxen. Bei Schneegestöber oder inmitten dicker Regentropfen in den See zu springen, hat ebenfalls einen ganz speziellen Reiz. Und selbst wenn ein Unwetter aufzieht, wird es in der Sauna nur umso gemütlicher. Wenn es dann abends dunkelt, sorgen eine Feuerschale und Laternen für eine heimelige Stimmung.

Um nach den Saunagängen und Kaltbädern wieder Kraft zu tanken, holt man sich im Saunacafé eine hausgemachte Suppe und je nach Gusto eine Tasse Tee oder ein Glas Wodka. Die Suppen des Seebads Enge sind übrigens derart beliebt, dass es inzwischen sogar ein Kochbuch mit Sauna-Suppen-Rezepten von hier gibt.

YOGA UNTER
ALTEN BUCHEN MACHEN
RIETERPARK

Rieterpark, Gablerstrasse 15, 8002 Zürich
rietberg.ch
ÖPNV: Haltestelle Museum Rietberg oder Brunaustrasse

Einen Kopfstand im grössten Landschaftsgarten von Zürich machen? Wieso nicht!

In Zürich gibt es diverse frei zugängliche Park- und Grünanlagen. Die grösste und angeblich schönste unter ihnen ist der Rieterpark, der sich unweit vom Zürichsee auf fast 70.000 Quadratmetern erstreckt. Wo früher Reben wuchsen, entstanden um 1855 im Auftrag des deutschen Seidenhändlers Otto Wesendonck eine imposante Villa und Parkanlage. Der Park ist heute öffentlich und bietet mit seinem alten Baumbestand einen Ort zum Durchschnaufen.

Im Sommer finden hier regelmässig angeleitete Outdoor-Yogastunden statt. Um herauszufinden, wann und wo genau, lohnt sich eine kurze Suche im Internet oder im Veranstaltungskalender des Museums Rietberg. Auf der sattgrünen Rasenfläche, umgeben von teilweise über 150 Jahre alten Buchen und mit Blick auf die Villa oder den Zürichsee, sinkt man noch tiefer in die Asanas. Wer lieber selbstständig Yoga praktizieren möchte, rollt einfach gemeinsam mit dem Lieblingsmenschen oder allein die Matte aus und lässt sich von der Ruhe des Parks weit weg vom Alltag tragen.

Von all dem Strecken und Beugen Hunger bekommen? Dann hilft ein Abstecher ins Café des Museums Rietberg. Im Sommer bietet dieses drei verschiedene Picknick-Körbe inklusive Sitzdecke an. So kann man den Tag im Park kulinarisch ausklingen lassen – oder einläuten (Anmerkung: Picknick-Körbe nur auf Vorbestellung).

IN ZÜRICHS HÖCHSTEM DACHBAD RELAXEN

HÜRLIMANNBAD & SPA

Brandschenkestrasse 150, 8002 Zürich
www.aqua-spa-resorts.ch/de/huerlimannbad-spa-zuerich
ÖPNV: Haltestelle Bahnhof Enge, Waffenplatzstrasse oder Giesshübel

Nach einem erlebnisreichen Tag in ein Sprudelbad sinken und dabei einen Cocktail mit Blick auf die Dächer Zürichs geniessen? Oder lieber frühmorgens nach Kaffee und Gipfeli im Smaragd-Bad schweben? Im Thermalbad & Spa Zürich kann man mit dem Lieblingsmenschen beides tun – und noch viel, viel mehr.

Aber nicht nur das Angebot ist aussergewöhnlich, sondern auch die Architektur, denn das Thermalbad befindet sich auf dem Gelände der ehemaligen Brauerei Hürlimann. Und das sieht und fühlt man. So kann man weltweit nur hier in den hundertjährigen Gewölben in riesigen Fässern aus Holz baden, die an die Bottiche der Brauerei erinnern. Gebadet wird im Aqui-Wasser, welches direkt aus der Quelle unter dem Areal sprudelt.

Und danach ins Meditations- oder lieber klassisch ins Dampfbad? Das eigentliche Highlight befindet sich jedoch nicht im Thermalbad, sondern darüber. In Zürichs höchstem Dachbad geniesst man einen spektakulären Blick über die Hügelketten und die Stadt, während man sich von den Massagedüsen jegliche Verspannung wegmassieren lässt. Übrigens: Am Feierabend und Wochenende kann es beim Einlass schon mal längere Wartezeiten geben. Für maximale Entspannung lohnt sich also ein Besuch am Vormittag unter der Woche.

Wer es ausgefallen mag, ist bei der Veranstaltung «Badegenuss und Biergeschichten» gut aufgehoben. An verschiedenen Stationen warten Häppchen, Bier und Geschichten der Bier-Sommeliers. Romantisch wird's beim Vollmondbaden: Bei Mond- und Kerzenschein entspannt man im warmen Thermalwasser mit Blick auf die Lichter der Stadt, während man mit dem oder der Liebsten mit einem Prosecco oder Vollmondbier auf die Liebe und das Leben anstösst.

FERIENFEELING GENIESSEN AUF DER INSEL
WERDINSEL

Werdinsel 2, 8049 Zürich
www.badi-info.ch/au_hoengg.html
ÖPNV: Haltestelle Tüffenwies oder Winzerhalde

Reif für die Insel, aber keine Zeit oder Lust, dafür um den halben Globus zu fliegen? Musst du auch nicht! Denn Inselfeeling bekommst du sozusagen vor der Haustür auf der Werdinsel. Zwischen Kanal und Limmat, umgeben von viel Grün und mit Blick auf den Hönggerberg, könnt ihr euch ruckzuck in die Ferien katapultieren. Sonnt euch auf der weitläufigen Liegewiese, springt in den Fluss, wenn es zu heiss wird, lasst euch in der Strömung treiben und legt euch dann mit einem Eis vom Badi-Kiosk wieder auf eure Badetücher. Und anschliessend? Repeat!

Auf der Werdinsel ist übrigens für all eure Bedürfnisse gesorgt. In der Badi Au-Höngg gibt es nämlich nicht nur Snacks und Getränke, sondern auch Schliessfächer, Toiletten, Garderoben und Duschen. Und das Beste? Für euren Mini-Urlaub müsst ihr keinen Rappen ausgeben. Na ja, ausser für die Verpflegung natürlich.

Wenn eure Hände schliesslich vom Wasser aufgeweicht sind und eure Schultern schon eine rosa Farbe bekommen, ist es Zeit für einen Inselspaziergang. Der Weg führt euch durch naturbelassene Inselabschnitte, vorbei an einer Fussballwiese, liebevoll gepflegten Schrebergärten, Kinderspielplätzen und diversen Grillstellen. Mit dem Geruch von Algen und gebratenem Essen in der Nase und dem Rauschen des Flusses im Ohr kann man glatt vergessen, dass man sich in Zürich befindet. Wenn ihr die Insel einmal umrundet habt, könnt ihr euch auf eine Bank unter den Platanen setzen und bei einem kühlen Bier den Tag ausklingen lassen.

IM DROP-IN-STUDIO MEDITIEREN

MIND IN STUDIO

Weststrasse 62a, 8003 Zürich
www.mind-in.studio
ÖPNV: Haltestelle Bahnhof Wiedikon

Beim Wort Meditation denkt man vielleicht zuerst an einen buddhistischen Mönch, der für Stunden regungslos im Lotussitz verharrt. Oder an Menschen mit selbst gestrickten Socken, die umgeben von Räucherstäbchen schweigend auf farbigen Kissen sitzen. Doch eigentlich handelt es sich bei Meditation um jahrtausendealte Übungen für den Geist, bei denen unter anderem das Steuern der Aufmerksamkeit im Zentrum steht. Die positiven Auswirkungen von regelmässigem Meditieren auf die psychische Gesundheit, Hirnfunktionen und das Immunsystem sind sogar wissenschaftlich bewiesen.

Zwei ehemalige Schulfreundinnen stellten fest, dass es in Zürich zwar viele Yoga-Studios gibt, aber abgesehen von ein paar spirituell ausgerichteten keine, die Achtsamkeit und Meditation lehren. Deshalb beschlossen sie, einfach etwas Eigenes zu starten. Was als Pop-up anfing, wurde bald zu einem permanenten Meditationsstudio. Das MIND IN soll ein Ort für überanstrengte Menschen sein, wo sie Klarheit und Ruhe finden. Das Besondere: Man kann zu den meisten Meditationssessions auch ohne Voranmeldung vorbeikommen. Dabei ist es egal, ob man Profi ist oder noch nie zuvor meditiert hat.

Handy, Tasche und Schuhe lässt man beim Eingang zurück. Einen Stock tiefer findet man sich in einem minimalistischen Raum wieder. Während der Meditation sitzt man bequem auf einem der zuvor ausgewählten Kissen. Und wenn es kalt wird, kuschelt man sich einfach in eine flauschige Decke. Hier kann man an- und zur Ruhe kommen.

FÜR KUNST STATT GELD
IM HOTEL SCHLAFEN
25HOURS HOTEL LANGSTRASSE

Langstrasse 150, 8004 Zürich
www.25hours-hotels.com/hotels/zuerich/langstrasse/leihhaus
ÖPNV: nur wenige Gehminuten vom Hauptbahnhof entfernt

Das 25hours Hotel an der Langstrasse ist der perfekte Ort, um eine unvergessliche Nacht mit deinem Lieblingsmenschen zu verbringen, denn es ist möglicherweise das einzige Hotel der Welt, in dem man seinen Aufenthalt statt mit Geld auch mit Kunst oder Krempel bezahlen kann. Sei es diese skurrile Vase, die man von der Tante zum Geburtstag erhalten hat, oder das Kalligrafie-Set, das man sich extra gekauft und dann doch nie benutzt hat. Im 25hours Hotel an der Langstrasse finden diese Dinge vielleicht endlich ihren gebührenden Platz – und man selbst ein schönes Zimmer, um mit der besten Freundin oder dem Liebsten eine fantastische Zeit zu verbringen.

Nach dem Einchecken empfiehlt sich ein Drink in der hoteleigenen Cinchona Bar. Die Stars sind Highballs, die in gefrosteten Gläsern serviert werden. Während man an seinem süffigen Cocktail nippt, kann man die Kuriositäten in den Glasvitrinen und Regalen inspizieren, die andere Gäste gegen Übernachtungen getauscht haben: Alte Eisenbahnmodelle, schräge Puppen, ausgefallene Dekorationsgegenstände, antike Uhren – für ausreichend Gesprächsstoff ist definitiv gesorgt.

Wenn sich der Hunger bemerkbar macht, teilt man sich mit der Begleitung in der Bar oder im Restaurant NENI nebenan hausgemachte Mezze und andere orientalische Spezialitäten. Danach gönnt man sich auf dem Kingsize-Bett ein Verdauungsnickerchen.

Wer es schafft, das kuschelige Bett nochmals zu verlassen, fährt mit dem Lift bis zur obersten Etage. Dort warten nämlich eine Rooftop Bar

mit ausgefallenen Cocktails sowie eine Sauna inklusive Aussenbereich mit Blick auf die unzähligen Schienenstränge und einfahrenden Züge des Hauptbahnhofs. Dafür, dass man auch zwischen den Saunagängen schön hydriert bleibt, sorgt eine Minibar mit kostenlosen Erfrischungen wie Softgetränken oder lokalem Bier.

Und wer sich lieber in der Badewanne im Hotelzimmer statt in der Sauna aufwärmt, ist ebenfalls bestens aufgehoben: Mit Blick auf die trendige Europaallee oder die Zugschienen und einer Schale voll mit farbigen Badeperlen steht dem Badespass nichts mehr im Weg. Im Zimmer gibt es ausserdem ganz schön viel zu entdecken: von Magazinen, einer Polaroid-Kamera zur freien Verwendung bis hin zu Musikboxen. Jedes Hotelzimmer ist ein Unikat und überrascht seine Gäste mit anderen Gadgets.

Im 25hours Hotel lässt es sich aber nicht nur wunderbar essen und entspannen, sondern es ist auch ein unschlagbar guter Ausgangspunkt für eine durchtanzte Nacht. Nur wenige Schritte vom Hoteleingang entfernt reihen sich nämlich die Bars und Clubs der Langstrasse aneinander. So kurz war der Nachhauseweg nach der Party wohl noch nie!

Nach einem entspannenden Wellnessabend oder einer wilden Nacht in Zürichs Clubs schlummert man schliesslich in einem himmlisch weichen Bett ein. Am nächsten Tag erwartet einen ein grosszügiges, orientalisch angehauchtes Frühstücksbuffet im Restaurant NENI, wo man mit der besten Freundin über einer Schale Zimt-Porridge oder Hummus mit Fladenbrot schmunzelnd die Polaroid-Fotos des vergangenen Abends durchblättert.

Hinweis: Schöne, wertige, dekorative und/oder nützliche Dinge werden als Zahlung angenommen. Bewerben kann man sich für Übernachtungen mit Frühstück am Freitag, Samstag und Sonntag.

ZÜRICHS ROOFTOPS

Gemütlich, luxuriös oder unkompliziert: Rooftop-Restaurants gibt es in Zürich einige.

➤➤ Blick auf die Bahnhofstrasse im • • •
Einen Sundowner schlürfen, Hummus und Naan-Brot schlemmen und von weit oben dem Treiben auf der Bahnhofstrasse zuschauen? Das geht im sechsten Stock des Modehauses Modissa. Und ja, die drei Punkte sind tatsächlich der offizielle Name des Restaurants – so fancy wie die Aussicht und das Essen eben.
Bahnhofstrasse 74, 8001 Zürich

➤➤ Blick auf die Limmat im The Nest
Von April bis Oktober geniesst man im «The Nest» auf dem Dach des Hotels Storchen erstklassige Cocktails mit Blick auf die Limmat und die Dächer der Altstadt. Natürlich gibt's auch was zu essen. Früh kommen lohnt sich, denn die Plätze sind begrenzt und es gilt: first come, first served.
Weinplatz 2, 8001 Zürich

➤➤ Blick auf den Zürichsee im La Muña
Den wohl spektakulärsten Blick über den Zürichsee geniesst man vom Restaurant La Muña im Luxushotel Eden Au Lac. Hier muss man zwar ein wenig tiefer ins Portemonnaie greifen, dafür gibt's zu Cocktail und Ceviche eine sensationelle Aussicht.
Utoquai 45, 8008 Zürich

TIPP

KATER STREICHELN IM KATZENCAFÉ

CAFÉ CASA DEL GATO

Kehlhofstrasse 4, 8003 Zürich
www.casa-del-gato.ch
ÖPNV: Haltestelle Schmiede Wiedikon oder Zürich Wiedikon

Für alle Katzenfans gibt es seit Kurzem einen neuen Place to be: das Casa del Gato, das erste Schweizer Katzencafé. Die Stars des Lokals sind die fünf Kater Juan, Leonardo, Tiego, Cesar und Pedro. Der perfekte Ort für alle, die eigentlich gern eine Katze hätten, aber nicht das Geld, die Zeit oder die passenden Lebensumstände für eine Fellnase haben. Aber auch für diejenigen, die ein Café suchen, in dem man sich entspannt mit der besten Freundin oder dem besten Freund treffen oder in Ruhe am Laptop arbeiten kann. Denn gemäss unterschiedlichen Studien reduziert das Streicheln von Haustieren Stress und stärkt das Immunsystem.

Zusammen mit ihrem Freund tüftelte Gründerin Simge ein Jahr lang am Konzept, holte Bewilligungen ein und suchte nach einer passenden Location. Die Lage im Wohnquartier wurde bewusst gewählt, denn das Casa del Gato soll nicht zu einer reinen Touristenattraktion werden, sondern ein Quartiertreffpunkt mit Events wie Lesungen, Yoga mit Katzen oder Karaokeabenden sein.

Statt Perfektion anzustreben, wird hier mehr Wert auf Individualität und Nachhaltigkeit gelegt. Vom Börek zum Mittagessen, dem Chai Latte mit Erbsenmilch für zwischendurch bis zum Crêpe mit Zimt und Zucker beim Sonntagsfrühstück: Sämtliche Gerichte sind vegetarisch oder vegan, und fast alle werden frisch zubereitet. Die Einrichtungsgegenstände sind zudem grösstenteils entweder secondhand oder selbst gemacht und vor allem: tiergerecht.

INSTAGRAM
#LIEBLINGSMENSCHENUNTERWEGS

IHR ENTDECKT MIT DIESEM BUCH EURE STADT NEU?
DANN VERLINKT EUCH UND EUREN LIEBLINGSMENSCHEN
AUF INSTAGRAM:

#LIEBLINGSMENSCHENUNTERWEGS
#LIEBLINGSMENSCHENZÜRICH

MIT DEM LIEBLINGSMENSCHEN

*Zusammen
kreativ werden*

AUF EINE HONIGREISE GEHEN

WABE3

Birmensdorferstrasse 109, 8003 Zürich
www.wabe3.net
ÖPNV: Haltestelle Bahnhof Wiedikon

Sie haben ihr Zuhause auf zehn ungenutzten Flachdächern und an zwei weiteren Standorten in der Stadt Zürich und unterstützen die Naturvielfalt im urbanen Raum: die Hunderttausenden Honigbienen von der Imkerei Wabe3. Fast 140 Kolonien betreut Wabe3, von denen jede zwischen 25.000 und 35.000 Bienen umfasst.

Aber Moment mal: Honigbienen in der Stadt? Wahrscheinlich nicht das Bild, welches einem bei einem Glas goldgelbem Honig als Erstes in den Sinn kommt. Was jedoch viele nicht wissen: Den Honigbienen gefällt es in der Stadt ausgezeichnet. Zum einen ist es da ein paar Grad wärmer als auf dem Land – dadurch sind die Bienen länger aktiv und produzieren mehr Honig. Zum anderen ist das Angebot an Blüten in der Stadt dank all der Parks, Magerwiesen, Gärten und Balkons überraschenderweise oft grösser als auf dem Land, wo Fettwiesen und Äcker überwiegen, die zudem oftmals mit Pestiziden behandelt werden, welche das Nervensystem und den Orientierungssinn der kleinen Brummer schädigen. Die Abgase in der Stadt können den Bienen und ihrem Honig hingegen nichts anhaben. Wer sich davon selbst überzeugen möchte, kann dies im Honig-Workshop von Wabe3 tun. In einem gemütlichen Lokal in Wiedikon lädt die Imkerin Anna Hochreutener regelmässig zu einer Honigreise ein: das perfekte Geschenk für alle Genussmenschen, Schleckmäuler und Naturbegeisterte.

Wie entstehen die verschiedenen Honigsorten? Warum sind Drohnen (männliche Bienen) sozusagen «Klone» der Bienenkönigin? Und

was genau ist die «Drohnenschlacht»? Zweieinhalb Stunden lang taucht ihr in die süsse Welt des Honigs ein und lernt dabei so einige erstaunliche Dinge über das Leben der Honigbienen. Zum Beispiel, was der Unterschied zwischen Wildbienen (von denen in der Schweiz übrigens gut 600 Arten leben!) und Honigbienen ist

und ob es heutzutage überhaupt noch wild lebende Honigbienen gibt.

Nach einer theoretischen Einführung und einem Einblick in den Prozess der Honigproduktion wird es praktisch: Über einer kleinen Flamme stellt ihr aus Stadtzürcher Bienenwachs und ein paar Tropfen ätherischer Öle einen Lippen- oder Erkältungsbalsam her. Zum Mit-nach-Hause-Nehmen, versteht sich.

Während der noch flüssige Balsam abkühlt, geht's weiter mit dem kulinarischen Teil: der Honig-Degustation. Beim Riechen, Schlecken und Schmecken von vier Sorten- und Spezialhonigen aus aller Welt könnt ihr die Geschmacksnuancen des flüssigen Goldes erkunden. Und wer denkt, Honig sei gleich Honig, der wird staunen. Denn spätestens wenn alle Degustations-Gläslein leer sind, könnt ihr nicht nur über Farbe, Konsistenz und Geruch der Honige fachsimpeln, sondern auch über die mehr als 600 Aromen. Na ja, zumindest über einige davon.

Für alle, die nach dem Kurs am liebsten gleich ihren Job kündigen und einen Quereinstieg ins Imkern machen wollen, empfiehlt es sich, erst mal eine Arbeiterbiene, Königin oder Drohne von Wabe3 zu adoptieren. Mit einer Patenschaft fördert man die Blütenvielfalt und die nachhaltige Bienenhaltung. Obendrauf darf man als Pate oder Patin die Biene besuchen, erfährt mehr über die wichtigsten Handgriffe am Bienenstock und erhält ein Geschenkset inklusive Zertifikat und Honigvorrat. Und wer danach immer noch das Imkerhandwerk erlernen will, für den hat Wabe3 ebenfalls einen passenden Kurs parat.

STADTTOUREN DER ANDEREN ART

➤➤ Audiowalks für Kinder

Für Kinder zwischen sechs und zehn Jahren haben Studierende der ZHdK fünf interaktive, kostenlose Audiowalks kreiert. Mit den Geschichten von Milo, Jamil oder Thilo und dem Frosch im Ohr geht's auf Erkundungstour durch die verschiedenen Quartiere Zürichs. Kids und Kopfhörer schnappen und los!
Audiowalks unter soundcloud.com/audiowalks-zuerich

➤➤ Urban Mission

Die Stadt entdecken und dabei einen geheimnisvollen Auftrag erfüllen? Das könnt ihr bei einer Urban Mission. Alles, was ihr dazu braucht, ist ein Smartphone oder Tablet, ein Team von zwei bis fünf Leuten und ein bis zwei Stunden Zeit. Schafft ihr es, den grössten Diebstahl aller Zeiten zu verhindern? Oder dass ein Staatsgeheimnis in die falschen Hände gerät?
Infos unter urbanescape.ch/games/zuerich

➤➤ Tour mit Obdachlosen und Armutsbetroffenen

Welche Orte suchen Menschen auf, die zum Beispiel aufgrund von Sucht oder Armut an den Rand der Gesellschaft gedrängt leben? Und wo finden sie Hilfe? In den zwei- bis zweieinhalbstündigen Touren von «Surprise» zeigen armutsbetroffene und obdachlose Menschen Orte, die einem sonst oft gar nicht auffallen, und erzählen aus ihrem Alltag.
Infos unter surprise.ngo/angebote/stadtrundgang/stadt-rundgangzh

TIPP

SPÄTZLI, SOBA UND SAUERTEIG MACHEN
BACK- UND KOCHSCHULE MÜHLERAMA

Seefeldstrasse 231, 8008 Zürich
www.muehlerama.ch
ÖPNV: Haltestelle Wildbachstrasse oder Bahnhof Tiefenbrunnen

Von Sauerteig, Flatbread, Brezeln über Burek bis Zopf sowie Spätzli, Knöpfli, Gnocchi, Knödel, Pirogi, Pizokel, Soba, Ramen, Udon und Mie: Wer dachte, Brot sei gleich «Pfünderli» und Teigwaren gleich Penne, war wohl noch nie in der Back- und Kochschule im Mühlerama. Dort drückt man aber nicht etwa die Schulbank, sondern mischt, rührt, knetet, kocht und backt. Dass man die Kurse nicht mit leerem Magen verlässt, versteht sich wahrscheinlich von selbst.

Das Mühlerama und seine Backstube mit Blick auf den Zürichsee und der zum Museum umgebauten Industriemühle aus dem Jahr 1913 sind ein Paradies für alle Brotliebhaberinnen, Teigkneter und Pastalovers. Ein sinnlicher Museumsbesuch ist hier garantiert. Auch heute noch produziert die Mühle jährlich mehrere Tonnen Mehl. Wer das selbst ausprobieren will, kann in der Werkstatt auf Handmühlen eigenes Mehl aus Weizenkörnern mahlen. Wollt ihr nicht stundenlang hart arbeiten, könnt ihr euch auch im Museumsshop mit diversen Mehlmischungen eindecken. Neben der Dauerausstellung zu Müllerei und Mühle gibt es zudem wechselnde Sonderausstellungen zu Nachhaltigkeit, Gesundheit und Ernährung.

Besonders beliebt sind auch die Back- und Kochkurse. Egal ob für ein erstes Date, einen Ausflug mit dem besten Freund oder als Geschenk für Mama: Die Kursauswahl ist riesig, und so ist bestimmt für jeden Geschmack etwas dabei. Mögt ihr es klassisch? Dann passt vielleicht ein Zopf- oder ein Gnocchi-Kurs zu euch. Oder soll es ausgefallener

sein? Dann könnt ihr zum Beispiel ausprobieren, wie man von Hand japanische Nudeln herstellt. So lässt sich auch ohne lange Anreise ein kulinarischer Trip in die Ferne unternehmen. Also auf nach Japan zu den Soba-Nudeln! Das japanische Nationalgericht wird traditioneller-

weise aus Buchweizenmehl hergestellt (Soba ist Japanisch und bedeutet Buchweizen). Obwohl der Name etwas anderes suggeriert, ist der Buchweizen jedoch gar kein richtiges Getreide und somit auch für Menschen mit Zöliakie geeignet. Und der Buchweizen kann noch mehr: In ihm stecken nämlich einige wertvolle Nährstoffe wie Zink sowie eine seltene Aminosäure. Weil Buchweizen jedoch nicht so lukrativ ist, wird er heute kaum mehr angebaut. Viele gute Gründe also, diesem unterschätzten Nahrungsmittel mehr Aufmerksamkeit zu schenken.

Nach einer Einführung der Kursleiterin Susanne Vögeli zu den Buchweizensorten und der Herstellung von Soba-Nudeln geht's los mit dem praktischen Teil. Damit aus den Samen Nudeln werden, müssen diese zuerst gemahlen und gesiebt und danach mit heissem Wasser vermischt werden, sodass ein klebriger Teig entsteht. Ist der einmal angemischt, hat geruht und ist nun ausgerollt, könnt ihr ihn in dünne Streifen schneiden und diese für eine Minute in heissem Wasser kochen. Danach schnell abschöpfen, mit kaltem Wasser abschrecken und in Schüsseln anrichten. Denn jetzt geniesst ihr die Früchte, oder in diesem Fall die Nudeln, eurer Arbeit, und zwar sogar in zweierlei Form: einmal heiss dampfend in Mentsuyu-Suppe sowie kalt als Zaru Soba. Je nach Vorliebe könnt ihr eure Nudeln mit Beilagen wie Algen, Saucen, Tofu oder Flocken von fermentiertem Fisch oder Ingwer ergänzen.

Übrigens werden Soba-Nudeln in Japan oft zu Zeiten des Umbruchs, zum Beispiel zum Jahreswechsel, gegessen. Dabei gilt: Je länger die Nudeln werden, desto länger lebt man. Wie lange werden eure?

IM GLACÉHIMMEL

➤➤ Ausgefallene Sorten: Himu & Höll
Popcorn-Karamell-Fleur-de-Sel, Sauerkirsche mit Schokolade oder Matcha Green Tea: Wer ausgefallene Sorten
mag, schwebt bei Himu & Höll im Glacéhimmel. Hergestellt werden die «Kalte Lust»-Glacés in Olten mit regionalen und nachhaltigen Zutaten. Zudem gibt es eine
grosse Auswahl an veganen Glacés und Sorbets.
Kornhausbrücke 4, 8005 Zürich

➤➤ Natürliche Gelati: Gelateria Leonardo
Was 1999 an einem heissen Sommertag mit einer kleinen Eismaschine und als Einmannbetrieb begonnen hat,
ist heute ein Familienunternehmen mit einem Team aus
über 18 Nationalitäten. Laufend tüftelt dieses an neuen
Sorten. Auch das vegane Angebot wächst stetig mit Kreationen aus Hafer-, Mandel- oder Kokosmilch.
Einkaufszentrum Sihlcity, Einkaufszentrum Glatt und
Globus Bellevue

➤➤ Ferienstimmung: Gelati am See
Der Geruch von Sonnencreme, der glitzernde See und
davor ein blau-weiss gestreifter Glacéwagen – dann weiss
man: Es ist Sommer. «Gelati am See» sorgt mit seinen
hausgemachten Gelati von Blutorange über dunkle Schokolade bis Zitrone schon seit über 20 Jahren für Ferienfeeling pur. Fast wie am Strand von Rimini oder an der
Französischen Riviera.
Von März bis Oktober am Hafen Riesbach, 8008 Zürich

TIPP

EINEN EIGENEN PODCAST AUFNEHMEN
PODCAST TOWER IM KRAFTWERK

Kraftwerk, Selnaustrasse 25, 8001 Zürich
www.podcasttower.ch
ÖPNV: Haltestelle Selnau oder 10 Minuten zu Fuss vom Hauptbahnhof

Im Herzen von Zürich gibt es einen Ort, an dem es still ist – vollkommen still. Einen Ort, an dem man weder Stimmen, Geschirrklappern, Motorengeräusche und noch nicht einmal Wind und Regen hört. Und mit diesem Ort ist nicht etwa eine Kirche oder ein Bunker gemeint, sondern das Podcast-Studio von Katarina Hagstedt. Die Gründerin des Podcast Clubs Schweiz eröffnete mit dem Podcast Tower das erste öffentlich zugängliche und buchbare Podcast-Studio des Landes und schuf so einen Ort, an dem auch Menschen einen Podcast aufnehmen können, die mit Technik sonst nichts am Hut und auch kein riesiges Budget haben. Und so kommen manche Leute ein einziges Mal, um etwas Neues auszuprobieren, und andere starten ihre Podcasting-Karriere. Welch perfekte Gelegenheit, um mit der besten Freundin oder dem besten Freund endlich diese Podcast-Idee anzugehen, die bei der letzten Party und nach der zweiten Flasche Wein entstanden ist.

Das Studio befindet sich im Innovationsraum Kraftwerk. Was ursprünglich ein Putz- und Abstellraum war, wurde zu einem einladenden, hellen Studio umfunktioniert.

Slots gibt es für 30 oder 60 Minuten. Buchen und Bezahlen funktionieren ganz einfach online. Mitzubringen braucht man nichts. Katarina oder einer der Studio-Manager sind immer vor Ort und sorgen dafür, dass die Gäste sich rundum wohlfühlen. Läuft man anschliessend die Treppen vom Podcast Tower wieder hinunter, liegen die Aufnahmen bereits im E-Mail-Postfach. Klingt alles so easy? Ist es auch!

DEN GRÜNEN DAUMEN TRAINIEREN

VEG AND THE CITY

Lagerstrasse 36–38, 8004 Zürich
www.vegandthecity.ch
ÖPNV: Haltestelle Hauptbahnhof

Wer sich selbst zu den Menschen zählt, die, wenn überhaupt Pflanzen, ausschliesslich Kakteen geschenkt bekommen und bei denen noch keine Pflanze länger als ein Jahr überlebt hat, könnte diesem Zustand endlich ein Ende setzen. VEG and the City bietet eine grosse Auswahl an Kursen, die sich wunderbar als Geburtstagsgeschenk für die beste Freundin oder einen unterhaltsamen Abend mit dem Mitbewohner eignen. Egal ob Urban Gardening, Humus aus Wurmkompost herstellen oder Pflanzen winterfest machen: So vielfältig die Kurse sind, sie haben alle gemeinsam, dass sie auch bestens für Menschen geeignet sind, die nicht mit zwei grünen Daumen zur Welt gekommen sind.

Wer sich trotzdem nicht zutraut, seinen Pflanzen mehr als hin und wieder Wasser zu geben, könnte mit dem Kurs «Blumen trocknen und binden» glücklich werden. Blumen pflücken, vertrocknen lassen und fertig? Nicht ganz. Damit die Blumen ihre Farben behalten und beim Trocknen nicht einfach braun werden, sind nämlich ein paar Tricks zu beachten. Im Kurs lernt man zum Beispiel, welche Blumen sich am besten zum Trocknen eignen und mit welchen man es gar nicht erst versuchen sollte. Oder man erfährt, warum, wo und wie lange man Blumen zum Trocknen kopfüber aufhängen muss. Zusätzlich gibt es Tipps, wie man die Farbe der Blumen noch besser erhalten kann und wie man sie schlussendlich zu einem schönen Strauss arrangiert. Wer nach den theoretischen Inputs selbst aktiv und kreativ werden möchte, kann sich mit Unterstützung der Kursleiter und Kursleiterinnen gleich vor Ort einen hübschen Blumenstrauss zusammenstellen und ihn danach entweder dem Lieblingsmenschen in die Hand drücken oder ihn selbst mit nach Hause nehmen.

BEIM ACTION PAINTING LOSLASSEN
ACTION PAINTING

Hagenholzstrasse 108b, 8050 Zürich
www.actionpainting.ch
ÖPNV: Haltestelle Genossenschaftsstrasse

Alles fliessen lassen und das tun, was sich gut anfühlt. Beim Action Painting heisst es: aktiv werden, bevor man den Moment zerdenkt. Egal ob gemeinsam mit dem Opa, der besten Freundin oder dem Liebsten: Action Painting ist ein unvergessliches Erlebnis. In einem Atelier in Zürich Oerlikon bietet der Künstler Bruno Rosio seit Jahren Action-Painting-Sessions an. Während drei Stunden können die Teilnehmenden sich auf je einer eigenen Leinwand austoben.

Damit neben der Leinwand nicht auch die Kleider farbig werden, schlüpft man zu Beginn der Session in einen Ganzkörperschutzanzug. Nach einer Einführung von Bruno zu den Techniken geht's ran an die Farben. Sich zwischen den gut 30 verschiedenen Acrylfarben zu entscheiden, ist nicht leicht, aber zum Glück auch nicht nötig. Wer will, kann sich durch den kompletten Regenbogen mischen und malen.

Und dann legt man los. Mit verschiedenen Pinseln, Schwämmen und selbst mit den Händen bearbeitet man die Leinwand, während im Hintergrund in wilder Abfolge lustige, melodische und epische Musik läuft. Es wird gewischt, gespritzt, geschüttet, getropft, gemalt und wieder übermalt, ohne bewusst etwas beeinflussen zu wollen. Letzteres ist oft gar nicht so einfach. Am besten wirft man mal alles bisher Gelernte über Bord und überlässt den Malprozess dem Zufall.

Dein Kunstwerk sollte unbedingt einen Platz in der Wohnung erhalten? Dann wird es im Anschluss lackiert, gerahmt und nach Hause geliefert.

AN DER LIMMAT TANZEN

TANZHAUS ZÜRICH

Wasserwerkstrasse 127a, 8037 Zürich

www.tanzhaus-zuerich.ch

ÖPNV: Haltestelle Löwenbräu, Lettenstrasse oder Bahnhof Wipkingen

Während draussen die Limmat fliesst, gemächlich und gleichmässig, tun es die Körper ihr drinnen gleich. In einem einladenden Raum ohne Uhr, ohne Fenster und ohne irgendein Aussengeräusch kann man bei den Kursen im Tanzhaus Zürich schon mal die Zeit vergessen. Mit jedem Schritt taucht man tiefer ein in die Musik. Mit jeder Drehung ist man mehr im Hier und Jetzt. Mit jeder Hüftbewegung kommt man noch mehr in Schwingung. Bis alles ineinanderzufliessen scheint: der Fluss, die Musik, die Bewegung.

Wer diese Erfahrung mit jemandem teilen will, schnappt sich am besten die liebste Freundin oder den besten Freund und meldet sich für einen der diversen Tanzkurse an. Das Tolle daran: Ihr braucht weder Vorkenntnisse noch müsst ihr gleich ein Abo buchen. Stattdessen könnt ihr verschiedene Tanzstile ausprobieren und herausfinden, worauf ihr Lust habt.

Mögt ihr House, Hip-Hop, Voguing und Waacking? Dann ist der Kurs «Contemporary Urban» wie gemacht für euch. Wer lieber erfahren will, wie Duckwalks, Catwalks, Dips und Spins funktionieren, kann beim «Vogue-Performance & Ballroom» all diese Techniken kennenlernen. Und wer neue Bewegungsmuster erforschen und eine Choreo erlernen will, ist im Kurs «Rhythm & Flow» bestens aufgehoben.

Danach könnt ihr euch im Innenbereich oder auf der Sonnenterrasse der Café/Bar Nude entspannen und die aussergewöhnliche Architektur des Tanzhauses auf euch wirken lassen. Durch die dreieckigen, raumhohen Fenster fallen die letzten Sonnenstrahlen des Tages. Draussen sitzen ein paar Menschen bei einem violettfarbenen Haus-Eistee und blicken zwischen den Bäumen hindurch auf die Limmat, die fliesst und fliesst.

MIT DEN HÄNDEN ARBEITEN
JUGENDKULTURHAUS DYNAMO

Wasserwerkstrasse 21, 8006 Zürich
www.dynamo.ch
ÖPNV: Haltestelle Beckenhof

Egal ob Messerschmiedekurs, Töpfern an der Drehscheibe, Thai-Massage-Kurs oder Graffiti-Workshop: Im Jugendkulturhaus Dynamo an der Limmat finden jede Woche viele ausgefallene Veranstaltungen statt. Gerade in der heutigen Zeit, in der viele einen Grossteil des Tages auf einen Bildschirm schauen, kann es Wunder wirken, für ein paar Stunden mit allen Sinnen kreativ zu werden, den kühlen Ton beim Formen auf der Drehscheibe zu spüren, die verschiedenen Farben beim Malen wahrzunehmen oder dem Geräusch beim Falten von Papier ganz bewusst zu lauschen. Wetten, dass dir dabei Dinge auffallen, die du sonst noch nie bemerkt hast?

Zuerst Heilbad, dann Brauhaus und schliesslich Jugendkulturhaus: Das Dynamo-Areal direkt an der Limmat hat schon so manche Veränderung mitgemacht. Heute findet man hier Werkstätten, einen Maschinenpark, ein Restaurant mit Bar und Ausstellungsräume bis hin zu einem Raum für individuelles Breakdance-Training. Das Angebot richtet sich hauptsächlich an Personen unter 28 Jahren, aber es sind alle willkommen, die Lust haben, etwas Neues zu lernen.

Wer nach einem Kurs sucht, den es sonst bestimmt nirgendwo gibt, ist hier genau richtig. Einen eigenen Wasserfarbenkasten mit Farben aus natürlichen Pigmenten herstellen? Im Workshop mit der Künstlerin Celine geht das! Die Idee für den Kurs kam ihr beim Reisen. Fasziniert von den verschiedenen Landschaften überlegte sie sich, wie sie das Gefühl der jeweiligen Umgebung mit nach Hause nehmen könnte,

und fing an, aus einer Handvoll rotem Wüstensand oder ein paar Steinchen natürliche Farben herzustellen. Wie meditativ dieser Prozess ist, kannst du beim Workshop gleich selbst erleben. In einer kleinen Gruppe

tauchst du dabei für ein paar Stunden in die Welt der Farben ein. Vielleicht zusammen mit deiner besten Freundin oder deinem Kumpel?

Nach einer kurzen Einführung darf man sich austoben. Kaffee, Snacks, eine fabelhafte Aussicht auf die Limmat und sanfte Musik im Hintergrund sorgen dafür, dass der Alltag nach wenigen Minuten ganz weit weg ist. Wer möchte, kann die Pigmente mit Mörser und Sieb selbst aus den Steinen holen und Schritt für Schritt erleben, wie die Steine zu Steinchen und die Steinchen zu Sand werden. So lange, bis nur noch feines Pulver übrig ist.

Ungeduldige können diesen Teil auch überspringen und auf bereits gewonnene Pigmente zurückgreifen. Die verschiedenen Farbpigmente mischt ihr nach eurem Gusto und füllt die dickflüssige Farbpaste danach in euren persönlichen, von Celine selbst gemachten Wasserfarbkasten. Diesen dürft ihr natürlich mit nach Hause nehmen.

Das Gelernte lässt sich auch nach dem Workshop anwenden: Grundsätzlich kann man aus fast allem, was man in der Natur findet, Pigmente gewinnen und damit Farben herstellen – sowohl aus anorganischem Material wie Steinen und Erde wie auch aus organischem Material wie Blättern und Blüten. Entsprechend ist die Farbpalette, welche die Natur bereithält, unendlich gross. Von Ockergelb über die verschiedensten Brauntöne bis hin zu Rostrot und Türkisgrün. Und egal wie ein Stein vor dem Aufschlagen aussieht, man wird immer wieder überrascht sein, welche Farbe er am Ende wirklich hergibt.

WINTER IN ZÜRICH

➤➤ **Weihnachtsdorf am Bellevue**
Über 35 Foodanbieter mit Leckereien aus aller Welt, ein
gemütliches Fondue-Chalet, 120 wechselnde Marktstände
mit Handwerkskunst und eine Eisbahn sorgen im Weihnachtsdorf für Festtagsstimmung.
Sechseläutenplatz, 8001 Zürich

➤➤ **The Singing Christmas Tree**
In der Weihnachtszeit verbreiten zahlreiche Chöre mit
über 90 Konzerten eine besinnliche Atmosphäre. Das
Besondere? Die Chöre singen auf einer haushohen Bühne
in Form eines Weihnachtsbaums. Glühwein holen und
zuhören oder mitsingen.
Werdmühleplatz, 8001 Zürich

➤➤ **Fahrt mit der Jelmoli Märlitram**
Für Kinder das Highlight der Adventszeit: eine Fahrt
im weihnachtlich geschmückten «Jelmoli Märlitram»
(Märchen-Tram). Die Kids fahren zusammen mit dem
«Samichlaus» und zwei Engeln durch die Stadt und lau-
schen Weihnachtsgeschichten.
Bellevue, 8001 Zürich
Infos unter www.jelmoli.ch/maerlitram

➤➤ **Weihnachtsbeleuchtung über der Bahnhofstrasse**
Sie hat sogar einen Namen, die wohl berühmteste Weih-
nachtsbeleuchtung der Welt: «Lucy». Ganze 11.550 Glas-
kristalle funkeln jedes Jahr über der Bahnhofstrasse.
Das Anknipsen der Beleuchtung jeweils am zweitletzten
November-Donnerstag zieht unzählige Menschen an.
Bahnhofstrasse, 8001 Zürich

TIPP

WIE VAN GOGH MALEN

PAINTEVENTS

Bederstrasse 82, 8002 Zürich
www.paintevents.ch
ÖPNV: Haltestelle Waffenplatzstrasse oder Bahnhof Enge

Um sich zu entspannen, muss man nicht unbedingt in ein teures Spa-Hotel fahren. Sich auf nur eine Sache zu konzentrieren, statt mehrere Dinge gleichzeitig zu tun, kann manchmal schon Wunder wirken. Beim Malen geht das ganz besonders gut. Mit Pinsel und Farben malt man sich den Stress ganz einfach von der Seele. Mit der besten Freundin oder dem besten Freund könnt ihr euch bei PaintEvents eine kreative Auszeit gönnen und das Smartphone mal in der Tasche lassen.

PaintEvents wurde 2016 gegründet und bietet seither diverse Workshops und Kurse in der gemütlichen PaintLounge in der Nähe vom Bahnhof Enge an.

Wer Schritt für Schritt angeleitet werden möchte, ist bei den Guided-Painting-Sessions genau richtig. Soll es der «Seerosenteich» von Monet oder die «Sternennacht» von van Gogh sein? Oder doch lieber etwas Abstraktes? Während der geführten Sessions malen die Teilnehmenden Kunstwerke von bekannten Künstlerinnen und Künstlern nach. Und wem ein Glas Wein beim kreativen Schaffen hilft, darf auch gern etwas zu trinken mitbringen. Na, wenn das nicht nach einem lustigen Abend mit dem Lieblingsmenschen klingt!

Doch auch für diejenigen, die sich nicht an einem bestehenden Motiv orientieren und lieber frei experimentieren und malen wollen, gibt es verschiedene Workshops. Neben bekannteren Techniken wie Malen mit Wasser- oder Acrylfarben werden auch weniger bekannte Methoden wie Malen mit Resin (Kunstharz) oder Alcohol Ink (Alko-

holtinte) angeboten. Noch nie gehört? Dank Künstlerin und Kursleiterin Janka fragt ihr euch bestimmt bald: Warum habe ich das nicht schon früher ausprobiert? Beim Malen mit Resin werden beispielsweise Resin und Härter im Verhältnis 50 : 50 gemischt und die gewünschten Farbpigmente hinzugefügt. Die harzige Farbe aus den einzelnen Töpfchen wird dann auf eine Leinwand oder Glasscheibe gegossen und bis an die Ränder gestrichen. Mit Föhn, Strohhalmen und Holzstäbchen bearbeitet ihr das Bild so lange, bis ihr zufrieden seid oder das Harz nicht mehr flüssig ist. Zum Schluss wird euer Werk mit einem Bunsenbrenner versiegelt – und voilà: Schon habt ihr einen Farbtupfer für die eigenen vier Wände gezaubert. Wie das Bild am Ende aussieht, lässt sich dabei nie mit Sicherheit voraussagen. Aber genau das macht diese Malweise so aufregend.

Noch freier als in den Workshops geht's beim Open Painting zu. Wer keinen Kurs besuchen, sondern gemeinsam mit dem Lieblingsmenschen nur ein wenig malen und abschalten will, stattet der PaintLounge am Freitagnachmittag zwischen 14 und 18 Uhr einen Besuch ab. Mitbringen muss man – nichts! Sämtliches Material, ob Leinwand oder Farbe, kann vor Ort zum kleinen Preis erworben werden. Sogar für Kaffee, Tee und Wasser ist gesorgt.

Egal für welche Art von Kurs man sich schlussendlich entscheidet: Danach verlässt man die PaintLounge mit einem eigenen Kunstwerk, guter Laune und viel Gelassenheit.

NATUR GENIESSEN

▶▶ Campen auf der Insel
Auf der Insel Lützelau, der kleineren der zwei Inseln im Zürichsee, kann man im Sommer in schönster Lage auf einem Naturcampingplatz übernachten. Allein die Anreise per Ruderboot, Pedalo, Stand-up-Paddle oder Schiffstaxi ist schon ein Abenteuer.
Insel Lützelau, 8640 Rapperswil

▶▶ Ins erste Waldlabor der Schweiz
Seit 2019 befindet sich auf dem Hönggerberg das erste Waldlabor der Schweiz, welches zum Ziel hat, den Einfluss des Menschen auf den Wald und seine Pflege zu thematisieren. Das Waldlabor ist Klassenzimmer im Freien, Erholungsort, Forschungsprojekt und vieles mehr. Über eine kostenlose App erhält man nützliche Zusatzinformationen für den Besuch.
Waldlabor, Hönggerberg, 8093 Zürich
App: www.waldlabor.ch/waldlabor-entdecken

▶▶ Traumwelt im Bruno Weber Park
Märchenhafte Skulpturen, Bauten und Fabelwesen inmitten von Blumen, Bäumen und Sträuchern: Im Bruno Weber Park, der vom gleichnamigen Künstler geschaffen wurde, fühlt man sich, als wäre man in die Fantasiewelt von Alice im Wunderland oder Chihiros Reise ins Zauberland geraten.
Zur Weinrebe 3, 8953 Dietikon

TIPP

EINEN LATTE-ART-KURS BESUCHEN
COFFEE LAB

Coffee Lab Zürich, Strassburgstrasse 15, 8004 Zürich
www.coffeelabswiss.ch
ÖPNV: Haltestelle Werd oder Stauffacher

Hast du dich schon mal gefragt, wie die schönen Herzen auf deinen Cappuccino-Schaum kommen? In einem Latte-Art-Kurs beim zweifachen Schweizermeister Milo Kamil lernst du, wie dein Kaffee zum Kunstwerk wird.

Egal ob mit dem Partner, der Freundin oder dem kleinen Bruder: Zu zweit macht der Kurs doppelt Spass. So könnt ihr euch gegenseitig anspornen, prüfen, wer das schönere Herz hinbekommt, und euch gemeinsam über missglückte Versuche amüsieren. Schon beim Betreten des Gebäudes steigt euch der intensive Geruch nach frischem Kaffee in die Nase. Nach einer theoretischen Einführung in die Kaffeezubereitung und das richtige Milchaufschäumen (was schwieriger und zugleich wichtiger ist, als man denkt) geht's ran an die Maschinen. Sobald ihr das Aufschäumen beherrscht, lernt ihr, wie ihr mit präzisen Handbewegungen und dem richtigen Winkel ein Herz, eine Rosette oder eine Tulpe auf den Espresso zaubert. Aus diesen drei Motiven lassen sich später viele andere Muster kreieren.

In der Welt der Latte Art tut sich übrigens einiges, und es werden laufend neue Techniken ausprobiert. Während bis vor Kurzem noch das «Etchen» (eine Technik, bei der man mit einem Stäbchen das Muster im Milchschaum vervollständigt) en vogue war, ist es heute die Slow-Pour-Technik, bei der man den Schaum langsam auf den Espresso legt, statt ihn zügig zu giessen. Wer also nach dem Kurs Lust auf mehr hat, kann sich freuen, denn langweilig wird es bestimmt nicht!

HIER IST PLATZ
FÜR EUER LIEBLINGSBILD
#LIEBLINGSMENSCHENUNTERWEGS

MIT DEM LIEBLINGSMENSCHEN

*Köstlichkeiten
teilen*

MIT DSCHUNGEL-FEELING BRUNCHEN

THE ARTISAN

Nordbrücke 4, 8037 Zürich-Wipkingen
www.theartisan.ch
ÖPNV: Haltestelle Bahnhof Wipkingen

Saftig grüne Hängepflanzen, die von der Decke baumeln, und ein grosser Garten über den Zuggleisen mit noch mehr Grün: Im Artisan beruhigt sich der Puls fast augenblicklich, die Hektik der Stadt löst sich in Luft auf. Am Samstag und Sonntag geniesst man dort einen sagenhaften Wochenendbrunch inmitten der grünen Oase. Schlemmen kann man im Artisan übrigens mit gutem Gewissen, denn die Lebensmittel, die bei anderen Gastronomiebetrieben im Müll landen würden, werden hier in einer innovativen Kompostmaschine verarbeitet. Innerhalb von 24 Stunden entsteht nahrhafter Kompost für den Gemeinschaftsgarten der benachbarten Wohnungen. Lebensmittelabfälle ade!

Die Küche ist naturverbunden und lokal, aber mit internationalem Twist. Das Brunch-Angebot reicht von modern interpretierten Klassikern wie Kichererbsen-Petersilien-Pfannkuchen über deftige Burger im Brioche Bun mit handgeschnittenen Pommes frites bis hin zum marokkanisch inspirierten «The Garden Breakfast» mit gegrillten Zucchini mit Feta, Radieschen und Stängelbrokkoli, Randenhummus, Baba Ganoush, Fladenbrot, kleinem Schrebergartensalat, pochierten Aprikosen mit Labneh und Sesamgranola. Vom Fleischtiger bis zum Pflanzenfresser kommt hier jede und jeder auf seine Kosten. Der Vorteil, wenn der Lieblingsmensch beim Brunch dabei ist? Man kann mehrere der Gerichte bestellen und teilen. Na, wem läuft schon das Wasser im Mund zusammen? Am besten einen Tisch reservieren, denn der Brunch im Artisan ist sehr beliebt.

OCKTAILS TRINKEN
DER MÄRCHENWELT

TALES BAR

Selnaustrasse 29, 8001 Zürich
www.tales-bar.ch
ÖPNV: Haltestelle Zürich Selnau oder Stauffacher

Beinahe so, als wäre man von einem Märchenbuch verschluckt worden: So fühlt es sich in der Tales Bar an. Von aussen wirkt sie unscheinbar, doch hat man den Eingang mal entdeckt, taucht man in eine Wohlfühlatmosphäre mit schummrigem Kerzenlicht, goldfarbenen Tapeten, einer mit dunklem Holz getäfelten Bar und sanfter Jazz-Musik ein. Besonders wenn es draussen regnet oder schneit, gibt es wohl kaum ein schöneres Gefühl, als es sich in einer wohlig warmen Bar gemütlich zu machen.

Die Auswahl auf der Karte ist riesig – und dort sind nur die Cocktails verzeichnet, die es immer gibt. Wenn du fragst, mixen dir die Barkeeper Wolfgang, Michel und Adrian jeden Cocktail, den du dir vorstellen – oder eben noch nicht vorstellen – kannst. Was sie jedoch alle gemeinsam haben: Sie sind bis ins letzte Detail durchdacht und die einzelnen Zutaten perfekt aufeinander abgestimmt. Du hast Lust auf einen Drink auf Rum-Basis, am liebsten mit einem Hauch Apfel? Oder du möchtest dich von einer Eigenkreation des Barkeepers überraschen lassen? In der Tales Bar ist fast alles möglich, denn es stehen mehr als 700 Spirituosen für die ausgefallensten Kreationen bereit.

Ob für einen After-Work-Drink, ein romantisches Date oder einen «Schlummertrunk» vor dem Nachhausegehen nach einem langen Abend: Inzwischen ist die märchenhafte Bar zu einem bedeutenden Ort in Zürichs Bar-Szene geworden.

EINEN EIGENEN GIN KREIEREN

TURICUM GIN LAB

Albisriederstrasse 253, 8047 Zürich
www.turicum-distillery.com/gin-lab
ÖPNV: Haltestelle Siemens

Über 50 verschiedene Destillate warten im Turicum Gin Lab darauf, von euch degustiert und zu eurem persönlichen Gin gemischt zu werden. Die Möglichkeiten sind also beinahe unendlich! Ein perfekter Abend für alle Gin-Liebhaber, Alchemistinnen und Geniesser.

Mit einem Gin Tonic in der Hand geht's los auf eine Führung durch die Turicum Distillery. Dabei erfahrt ihr einerseits einiges über die historische Entstehung des Gins, von seinem erstmaligen Aufkommen in Holland (damals Genever genannt), wo er als Medizin verkauft wurde, bis zum Export in die weite Welt. Andererseits lernt ihr, wie Gin chemisch entsteht: von der Mazeration, sprich dem Einweichen der Botanicals in Alkohol und Wasser, wodurch sich die Geschmacksstoffe lösen, bis hin zur Destillation, bei der die verschiedenen Stoffe aufgrund ihres unterschiedlichen Siedepunkts voneinander getrennt und zudem Geschmäcker extrahiert werden können, wenn der Dampf durch die verschiedenen Botanicals fliesst.

Gin ist grundsätzlich eine reine Spirituose, in der Wacholderbeeren und weitere Pflanzen eingelegt werden. Deshalb kann der Alkohol für den Gin aus allen möglichen zuckerhaltigen Lebensmitteln wie Trauben, Kartoffeln, Getreide und sogar Bananen gewonnen werden. Am meisten verbreitet ist es jedoch, den Alkohol aus Getreide herzustellen, damit er möglichst geschmacksneutral ist.

Wenn die Führung zu Ende und das Gin-Glas leer ist, geht's ans Mixen, Degustieren und Kreieren. Und zwar nicht in einem sterilen

Labor, sondern in gemütlicher Atmosphäre an einem langen Holztisch, ausgestattet mit allen notwendigen Utensilien. Während der nächsten rund zwei Stunden könnt ihr nun unter fachkundiger Anleitung euren eigenen Gin kreieren.

Damit dieser am Ende auch wie ein Gin schmeckt, mixt ihr zuerst mit fünf Key Botanicals die Basis. Wacholder sorgt beispielsweise für

mehr Komplexität und überdeckt den Alkohol. Etwa 95 Prozent der Gins enthalten zudem Koriandersamen, die als natürliche Geschmacksverstärker dienen und den Gin runder machen. Hinzu kommen Angelikasamen, damit der Gin mehr Geschmacksnoten tragen kann, gefolgt von Limette, Bergamotte, Orange, Zitrone oder Yuzu für die Zitrusnoten, die den Alkohol zusätzlich überdecken. Pfeffer, Rosmarin oder Kardamom machen die Basis mit ihrer dominanten Würze komplett.

Sind die Schlüsselzutaten gemischt, kommen die individuell ausgewählten Geschmacksnoten dazu. Wer mag, kann sich mit Sprühfläschchen von jedem der Destillate etwas auf die Zunge sprühen und so die Lieblings-Botanicals ausfindig machen. Wie wäre es mit Earl Grey, um den Gin abzurunden? Oder mit einer fruchtigen Passionsfrucht-Note? Oder soll etwas Ausgefallenes wie Tonkabohne, Piri-Piri-Chili oder Lavendel den Geschmack ergänzen? Egal für welche Botanicals ihr euch entscheidet, eines ist garantiert: Euer Gin ist einzigartig und der Weg zur fertigen Mischung ein unvergessliches Erlebnis.

Am Schluss dürft ihr euren Gin zusammen mit eurem Rezept, Tonic Water und einem Trinkglas in einem kleinen Koffer mit nach Hause nehmen. Falls ihr also auf dem Weg durstig werdet, seid ihr bestens ausgerüstet.

Übrigens: Wenn euch euer selbst kreierter Gin gemundet hat, könnt ihr ihn über die Website von Turicum jederzeit nachbestellen.

FREILUFTBARS AM FLUSS

Zürich und seine Freiluftbars am Wasser: Sie gehören einfach zusammen. Ob es Zufall ist, dass ihre Namen alle mit «R» anfangen? Vielleicht findet ihr es bei einem Besuch heraus!

➤➤ Rimini Bar
Das Pendant zur Frauenbadi, die abends zur Barfussbar wird, ist die Männerbadi, die sich abends in die Rimini Bar verwandelt. Hier geniesst man erfrischende Drinks, Köstlichkeiten vom Grill und chillige Musik, während die Lichter auf der Wasseroberfläche tanzen.
Badweg 10, 8001 Zürich

➤➤ Rio Bar
Feine Drinks und Snacks wie Apéro-Plättli oder Hummus sind nur einen Steinwurf vom Hauptbahnhof entfernt. Auf der Inselspitze, wo der Schanzengraben in die Sihl fliesst, befindet sich die kleine, charmante Rio Bar.
Gessnerallee 17, 8001 Zürich

➤➤ Le Raymond Bar
Beim Blick von der Terrasse hinunter auf den Kanal fühlt man sich wie in Amsterdam, beim Espressotrinken an der Bar wie in Italien. Und beim Cocktailsschlürfen in den Sitznischen wie in einem Diner in Amerika. Alles zusammen? Das ist Zürich!
Bleicherweg 8, 8001 Zürich

TIPP

TORTEN IM SCHLARAFFENLAND GENIESSEN
CAFÉ UND TEEHAUS MIYUKO

Bärengasse 20, 8001 Zürich
www.miyuko.ch
ÖPNV: Haltestelle Paradeplatz

Mit ihren extravaganten und farbigen Tortenkreationen konnte sie schon Stars wie die Rolling Stones, Amy McDonald oder Björk begeistern. Sara Hochuli ist Inhaberin, Gründerin, Gastgeberin und Chef-Patissière. Aber auch Chocolatière, Grafikerin, Illustratorin, Unternehmerin und Feministin. Gemeinsam mit ihrem Lebensgefährten Dominik Grenzler hat sie 2011 das Café und Teehaus Miyuko eröffnet. Ein japanisch inspiriertes Schlaraffenland mitten in Zürich. Seinen Namen hat das Café von der gleichnamigen von Sara entworfenen Figur im Manga-Stil.

Die erste Schweizer Matcha-Schokolade, eines der ersten Etagere-Frühstücke in Zürich und eines der ersten Lokale mit veganen, gluten- und laktosefreien Tortenoptionen: Wo auch immer Sara ist, kann man sicher sein, dass man Neues entdecken wird. So findet man im Miyuko statt Coca-Cola oder Rivella selbst gemachtes Kefirwasser und Kombucha, statt Convenience-Produkten selbst gemachte Köstlichkeiten. Eingekauft wird direkt bei Kleinproduzenten. Die aussergewöhnlichen Torten produziert Sara in der eigenen Manufaktur. Da entstehen dann Kreationen wie Schoggimoussetorten mit Mango und Maracuja, Matcha-Sesam-Torten oder solche mit Vanillebiskuit und Beeren. Also nichts wie hin und ins zuckersüsse Wunderland eintauchen.

Während das Miyuko zunächst in einer unscheinbaren Nebengasse zu Hause war, ist es jetzt in ein denkmalgeschütztes Riegel-Haus inklusive Sonnenterrasse mitten in der Stadt gezogen. Trotz neuem Standort: Die Gastfreundschaft und das Angebot sind so einzigartig wie eh und je.

DIE ÄLTESTE CRAFTBIER-
BRAUEREI BESUCHEN
BRAUEREI STEINFELS

Heinrichstrasse 267, 8005 Zürich
brauerei-steinfels.ch
ÖPNV: Haltestelle Bahnhof Hardbrücke, Schiffbau oder Escher-Wyss-Platz

Der beste Ort, um nach einer intensiven Stadterkundung zu entspannen? Die Brauerei Steinfels. Wo bis 1987 noch Seifen, Waschmittel und Kerzen von Friedrich Steinfels produziert wurden, wird seit 2007 Craftbier gebraut. Heute sind es jährlich 250.000 Liter! Doch nicht alles ist anders als früher. Geblieben sind unter anderem die Industrie-Atmosphäre und der Name.

In der Brauerei Steinfels und dem dazugehörigen Restaurant kann man es sich mit dem Lieblingsmenschen richtig gut gehen lassen. Egal ob Brauereitour, Bierdegustation, Essen vom Grill oder Konzert: In der ältesten Craftbier-Brauerei Zürichs kommen Bierfans voll auf ihre Kosten. Wer das Bier dort trinken will, wo es gebraut wird, der ist in der Brauerei Steinfels genau richtig, denn die ungefilterten Biere aus den insgesamt 27 Zapfhähnen kommen direkt aus dem Kühltank. Hierfür musste sogar ein spezielles Kühlsystem entwickelt werden. Wenn das keine Liebe ist!

Zu den vier Standardbieren gehören ein klassisches Lager, ein IPA, ein Weizen und ein Pils. Für die Abenteuerlustigen gibt es zudem ein wechselndes Bier, manchmal passend zur Jahreszeit, manchmal eine neue, ausgefallene Kreation des Teams. Einfach nach dem aktuellen «Stonerock Season» fragen und sich überraschen lassen. Du magst dich nicht entscheiden? Mit dem Degu-Board kannst du dich mit deiner Begleitung durch die verschiedenen Biere durchprobieren. Und für diejenigen, die es hochprozentiger mögen, stehen originale «Biertails»

wie Mojito mit Pils oder rub'n'rye mit IPA zur Auswahl.

Wer danach noch Platz für einen Happen Essen hat, kann sich im Restaurant Steinfels verköstigen. Durch die verglasten Wände sieht man direkt in die Küche. Im Sommer geniessen die Gäste zudem fri-

sche Veggies oder ein Steak direkt vom Smoker. Aber auch im Winter lohnt sich ein Besuch, denn drinnen ist es wahnsinnig gemütlich: Industrial-Style mit viel Backstein, Holz, Stein, Kupfer und grossen Leuchtschildern mit Sprüchen wie «I am just here for the beer» oder «Drink fast». Sehr hip also. Da kann man dem Liebsten den ganzen Abend lang tief in die Augen oder mit dem besten Freund ganz tief ins Glas schauen.

Nicht nur bei den Bieren, sondern auch bei den Führungen hat man die Qual der Wahl, denn es gibt vier verschiedene halbstündige Angebote. Ganz simpel mit Brauereiführung und Bierdegu? Oder darf es zusätzlich noch ein Apéro in der Steinfelsküche sein? Oder gar ein Food-Pairing? Und wer sich so richtig was gönnen will, bucht am besten die Führung mit anschliessendem 3-Gänge-Dinner. Aber Achtung: Alle Führungen werden erst ab sechs Personen angeboten. Wenn du nur mit deinem Schatz oder deiner besten Freundin unterwegs bist, schreibst du einfach eine E-Mail an die Info-Adresse und fragst, ob sich noch weitere Personen für eine Führung interessieren.

Wen es nach dem Biertasting oder der Brauereiführung noch weiter zieht, der oder die kann nur wenige Schritte entfernt im Exil, Supermarkt, MÄX oder Hive (ja, das sind tatsächlich alles Clubs) die Kalorien wieder wegtanzen oder einen gemütlichen Kinoabend einlegen.

DIE BESTEN FESTIVALS

➤➤ Das Weltbekannte: die Street Parade
Die einen freuen sich das ganze Jahr über darauf, die anderen verdrehen nur genervt die Augen. Doch eines ist unumstritten: Die jährlich im August stattfindende Street Parade ist die grösste Techno-Party der Welt. Neben Techno hört man inzwischen auch House, Drum'n'Bass oder Dubstep von den Love-Mobiles.
Sechseläutenplatz, 8001 Zürich

➤➤ Das Aussergewöhnliche: Lethargy Festival
Wer mit der Street Parade nichts anfangen kann, findet vielleicht am «Lethargy Festival» in der Roten Fabrik Gefallen, welches als Alternativprogramm zur «Energy», der damals offiziellen After-Party der Street Parade, entstanden ist.
Rote Fabrik, Seestrasse 395, 8038 Zürich

➤➤ Das Bunte: Zurich Pride Festival
Jeweils im Juni findet zwischen Bürkli- und Sechseläutenplatz am Zürichsee das mehrtägige Zurich Pride Festival statt, anlässlich dessen gegen die Diskriminierung und für die Rechte der LGBTQ+ Community demonstriert und ausgelassen gefeiert wird.
Sechseläutenplatz, 8001 Zürich

TIPP

ESSEN RETTEN IN DER ÄSS-BAR

ÄSS-BAR

Filiale Niededorf, Stüssihofstatt 6, 8001 Zürich
www.aess-bar.ch/zurich-2
ÖPNV: Haltestelle Rathaus

Heute schon etwas gerettet? Nein? Dann unbedingt bei der Äss-Bar vorbeischauen und ein leckeres Sandwich oder ein Brötchen vor der Mülltonne bewahren.

Durchschnittlich geht jedes dritte Lebensmittel in der Schweiz zwischen Feld und Teller verloren oder wird weggeworfen. Wer zur Reduktion von Foodwaste beitragen will, kann das ganz einfach und genussvoll in der Äss-Bar tun. Angefangen hat alles 2013 mit der Idee, den unzähligen einwandfreien Broten, Backwaren und Sandwiches, die Abend für Abend bei den Bäckereien im Müll landen, eine zweite Chance zu geben. Die Äss-Bar verkauft die Produkte, die am Vortag in den Bäckereien nicht verkauft wurden, zu einem stark vergünstigten Preis.

Wie wär's zum Beispiel mit einem Erdbeertörtchen? Einem Antipasti-Sandwich? Oder einem Vollkornbrot für den Brunch? In Zürich gibt es übrigens gleich zwei Standorte, an denen man schlemmend zum Food Savior werden kann. Meistens kommt morgens um 9 Uhr und 11 Uhr Nachschub. Wer also eine möglichst grosse Auswahl haben will, sollte den Besuch auf diese Uhrzeiten legen.

Wer mehr will als nur ein Brötchen auf die Hand, der oder die kann bei der Äss-Bar auch einen leckeren No-Foodwaste-Apéro für das nächste Geburtstagsfest oder den nächsten Firmenapéro bestellen.

Übrigens gibt es auch regelmässig Koch-Workshops, Food-Touren oder Kurse. Ein Blick auf die Website lohnt sich also auf jeden Fall.

VEGANES FONDUE SCHLEMMEN

SAMSES

Langstrasse 231, 8005 Zürich
www.samses.ch
ÖPNV: Haltestelle Limmatplatz

Stand man eben noch frierend auf der Langstrasse, fühlt man sich beim Betreten des Samses, als wäre man in einer urchigen Berghütte gelandet: karierte Hemden, Ländlermusik und der Geruch von Fondue in der Luft. Das Samses ist jedoch nicht etwa eine klassische Fondue-Beiz. Wo früher ein Reisebüro war, ist seit 2005 dank der Geschwister Ornella und Zino ein vegetarisches Restaurant zu Hause. Normalerweise kommen die Gäste wegen des vielfältigen Buffets und der wechselnden Menü-Specials. Aber im November und Dezember verwandelt sich das Samses für das beliebte Fondue-Special in eine Winterstube. Der perfekte Ort, um dich mit deinen Liebsten auf die Weihnachtszeit einzustimmen.

Das Samses gehört schweizweit zu den ersten Restaurants, die ein veganes Fondue anbieten. Neben der klassischen Variante gibt es zudem fünf weitere Kreationen wie das Deluxe-Fondue mit vier verschiedenen Pilzsorten, das Hütten-Fondue mit «RäucherVurst», Körnersenf, Schwarzbier und Röstzwiebeln oder das Vulkan-Fondue mit Peperoncino und Lauch. Speziell ist ausserdem, dass das Samses-Fondue im Mono-Caquelon serviert wird. So kann jeder Gast seinen oder ihren persönlichen Favoriten bestellen. Und wer sich nicht entscheiden kann, bringt am besten Freundinnen und Freunde mit und bestellt von jeder Sorte eine Portion zum Teilen.

Zum Fondue werden Kartoffeln, Brot, Silberzwiebeln, Essiggurken und Maiskölbchen gereicht. Einen Walliser Weisswein dazu und das Schlemmen kann losgehen. Wer danach tatsächlich noch Platz hat oder zu den Menschen gehört, bei denen das Dessert in einem anderen Magen landet, sollte unbedingt die hausgemachten veganen Leckereien wie «Veganisu», Schoggimousse oder Cheesecake probieren.

PITCHER TRINKEN
ÜBER ZÜRICHS DÄCHERN
BQM KULTURCAFÉ & BAR

Leonhardstrasse 34, 8092 Zürich
www.bqm-bar.ch
ÖPNV: Haltestelle ETH/Universitätsspital

Ein kühles Bier in der Hand, den liebsten Freund oder die liebste Freundin neben dir und unter euch die Stadt: In der Studi-Bar bQm kann man den Alltag ganz schnell hinter sich lassen. Durch ihre Lage bei der ETH und der Universität Zürich ist die Bar ein beliebter Treffpunkt für Studierende. Aber auch Nicht-Studierende sind herzlich willkommen. Lehrbücher und Laptops sind ohnehin nicht erlaubt, denn im bQm soll man sich eine Pause von Vorlesungen und Prüfungen gönnen können. Die Kombination von grandioser Aussicht über die Dächer der Stadt, preiswerten Drinks und lockerer Stimmung sorgt garantiert für einen (un)vergesslichen Abend.

Auch Kulturinteressierte kommen im bQm voll auf ihre Kosten, denn jeden Monat gibt es diverse kostenlose Veranstaltungen: von Konzerten und Partys mit DJs über das beliebte bQmler-Quiz bis hin zu Improtheater-Vorstellungen.

Wer die Studi-Bar tagsüber besucht, findet zudem im öffentlichen Bücherregal «The Book» eine schöne Auswahl an Literatur, die kostenlos mitgenommen werden darf. Wenn du also diesem Krimi, den du vergangene Weihnachten erhalten und nie gelesen hast, ein neues Zuhause geben willst, dann kannst du ihn hier gegen ein anderes Buch deiner Wahl tauschen.

Euer Pitcher Bier ist leer? Dann fordere deine Begleitung zu einem Töggeli-Turnier beim Tischfussballspiel heraus. Wer verliert, zahlt die nächste Runde? Wenn dann die Bar schliesst und ihr Arm in Arm die Treppen zur Aussichtsplattform der ETH hochsteigt, kann es gut sein, dass euch beim Anblick der unzähligen Lichter der Stadt ein Gefühl von Weite und Leichtigkeit überkommt.

IM ÄLTESTEN
VEGI-RESTAURANT SPEISEN
HAUS HILTL

Haus Hiltl, Sihlstrasse 28, 8001 Zürich
hiltl.ch
ÖPNV: Haltestelle Rennweg

Über 100 verschiedene Gerichte von Züri Geschnetzeltem über indische Pakoras bis hin zu veganem Kartoffelgratin findet man im Hiltl, dem ältesten vegetarischen Restaurant der Welt. Seit 1898, als Vegetarierinnen und Vegetarier noch Ausnahmeerscheinungen waren, werden hier leckere fleischlose Gerichte serviert. Heute ist vegetarisch essen im Mainstream angekommen, und so trifft man in den aktuell insgesamt neun Hiltl-Lokalen vom Banker über die Bodybuilderin bis hin zur Grossfamilie die unterschiedlichsten Menschen beim genussvollen Schlemmen. 75 Prozent der Gerichte sind heute zudem nicht mehr nur vegetarisch, sondern sogar vegan.

Im Haus Hiltl, dem Flagship an der Sihlstrasse im Herzen von Zürich, kann man neben dem klassischen Buffet auch gediegen à la carte essen. Und das ganze 365 Tage im Jahr. Wer möchte, kann À-la-carte-Gerichte und Buffet sogar kombinieren. Wie wäre es zum Beispiel mit einem Vorspeisenteller vom Buffet mit verschiedenen Gerichten zum Teilen, einem liebevoll angerichteten Hauptgang aus der Menükarte und einem gemischten Dessertteller vom Buffet als krönendem Abschluss? Langweilig wird es einem wohl kaum, denn bei jedem Besuch kann man sich neben den Klassikern auch immer auf ein paar Spontangerichte und neue Kreationen vom Buffet freuen, die das Küchenteam ausprobiert.

Im Sommer gibt es ausser dem grosszügigen Innenbereich zudem gemütliche Aussenplätze, von wo aus man dem Treiben der Stadt

zuschauen kann. Aber auch im Winter ist das Restaurant einen Besuch wert, denn: Winter bedeutet Fonduezeit! Und da spielt das Hiltl mit einem veganen Fondue Chinoise à discretion ganz vorne mit. Aufgetischt werden diverse Fleischalternativen, Pommes frites,

Reis und, wie es sich für ein richtiges Fondue Chinoise gehört, eine Palette an verschiedenen Saucen. Für besonders viel Romantik empfiehlt es sich, einen Tisch beim Fenster im oberen Stock zu reservieren.

Doch egal ob Buffet oder à la carte: Man schlemmt immer mit gutem Gewissen. Selbst die Take-away-Behälter sind alle kompostierbar, und bringt man einen eigenen Behälter für Take-away-Gerichte mit, gibt's sogar einen Franken Rabatt. Zudem wird eine Stunde vor Schluss geschaut, welche Gerichte am Buffet noch da sind und somit nicht mehr nachbestellt werden müssen. So wird der Foodwaste möglichst gering gehalten. Und wenn dann doch etwas übrig bleibt, können die Lebensmittel mit der App «Too Good To Go» oder von sozialen Einrichtungen abgeholt werden.

Aber nicht nur das Essen, sondern auch die insgesamt rund 300 Mitarbeitenden aus 80 Nationen machen das Hiltl zu dem, was es ist. Das positive und respektvolle Arbeitsumfeld spürt man auch als Gast. Auch Transparenz wird im Hiltl grossgeschrieben. So sind beispielsweise die Küche und die hauseigene Konditorei des Flagships offen zum Reinschauen und für Besichtigungen.

Wer nach dem Besuch noch nicht genug hat oder sich für zu Hause eindecken möchte, kann gleich nebenan dem Hiltl-Vegimetzg, der ersten vegetarischen Metzgerei der Schweiz, einen Besuch abstatten und sich mit vegetarischen und veganen Aufschnitten, Grillspezialitäten und hausgemachten Köstlichkeiten eindecken.

VEGANE FOOD-OASEN

➤➤ The Fancy One: Marktküche
Wer sich so richtig was gönnen will, sollte der Marktküche einen Besuch abstatten. Im mit 15 Gault-Millau-Punkten ausgezeichneten Restaurant werden die Gäste mit rein pflanzlichen Kreationen verwöhnt. Hier wählt man zwischen vier und acht Gängen und lässt sich überraschen.
Feldstrasse 98, 8004 Zürich

➤➤ The Cool One: UNMEAT
In Zürichs erstem komplett veganen Burgerladen gibt's «Vast Vood» vom Feinsten: deftige Burger mit verschiedenen Patties im Sesam-, Laugen- oder Semmel-Bun, dazu Fries oder Coleslaw und vegane Milchshakes.
Militärstrasse 91, 8004 Zürich

➤➤ Das Buffet à discrétion: Chimy's
Fans der asiatischen Küche schweben im Chimy's auf Wolke 7, denn hier schlemmt man sich à discrétion von Thailand, Vietnam, Indien und Malaysia über Singapur, China und Nepal bis nach Japan, Indonesien, Korea und Tibet. 99 Prozent der Gerichte sind vegan.
Neugasse 76, 8005 Zürich

➤➤ Das hippe: Kle
Im Restaurant «Kle» mit Quartierbeiz-Charme kommen ausgefallene rein pflanzliche Gerichte auf den Tisch. Die Küchenchefin und Mitgründerin Zizi Hattab ist Veganerin und verführt ihre Gäste heute mit saisonalen, regionalen und veganen Menüs.
Zweierstrasse 114, 8003 Zürich

TIPP

BIER AUF DEM BORDSTEIN TRINKEN

IDA-, BULLINGER- UND BRUPACHERPLATZ

Idaplatz, 8003 Zürich
ÖPNV: Haltestelle Lochergut oder Schmiede Wiedikon
Brupacherplatz, Weststrasse 194, 8003 Zürich
ÖPNV: Haltestelle Lochergut oder Schmiede Wiedikon
Bullingerplatz, 8004 Zürich
ÖPNV: Haltestelle Güterbahnhof, Lochergut oder Zürich Hardbrücke

An schönen Sommerabenden pulsiert das Leben auf den Plätzen im hippen Kreis 3. Zum Beispiel auf dem Idaplatz. Dieser ist dank dem Umbau Mitte der Nullerjahre regelrecht aufgeblüht. Statt Asphalt und urchigen Beizen findet man heute diverse Sitzmöglichkeiten, trendige Bars und gemütliche Cafés, wo Menschen Zeitung lesend Cappuccinos schlürfen oder sich mit Freundinnen und Freunden auf ein Glas Rosé treffen.

In den Lokalen rund um den Idaplatz kann man den Tag bei einem Apéro wunderbar ausklingen lassen. Um die Atmosphäre zu geniessen, muss man jedoch nicht einmal zwingend in eine Bar gehen. Die Menschen lassen sich auf dem Idaplatz nämlich fast überall nieder, wo keine Autos durchfahren. Also einfach die liebste Freundin oder den liebsten Freund schnappen, ein kühles Bier in einem Supermarkt oder Kiosk holen und es sich zwischen Gruppen von Jugendlichen, Tinder-Dates und After-Worklern auf dem Bordstein gemütlich machen.

Ist das Bier ausgetrunken? Oder braucht ihr zwischendurch was zum Knabbern? Dann spaziert ihr einfach ein paar Häuserblocks weiter zum Brupacherplatz, wo die Restaurants und Take-away-Lokale wie Pilze aus dem Boden schiessen. Nach einem Stück Pizza to go, einer Poké Bowl oder einem Eis von der gehypten Gelateria di Berna folgt man der neuen Trendmeile bis zur nächsten Freiluftbar, dem Bullingerplatz. Während an heissen Sommertagen im grossen Brunnen auf der Platzmitte Kinder und Junggebliebene planschen, sitzt man hier abends zwanglos und gemütlich bei einem Sixpack Bier und Salzstangen auf dem Brunnenrand. So simpel und unkompliziert kann Zürich sein!

DIE LEGENDÄRE
BALKENPROBE BESTEHEN
WEINSTUBE OELI

Rindermarkt 12, 8001 Zürich
www.oepfelchammer.ch
ÖPNV: Haltestelle Neumarkt oder Rathaus

Die anderen Gäste jubeln und applaudieren, während du dich auf den Holzbalken an der Decke ziehst, dich klein machst, über die weiteren Balken kriechst und schliesslich auf der anderen Seite kopfüber von der Decke baumelnd ein Glas Weisswein (auf Kosten des Hauses) trinkst. Wenn du das schaffst, darfst du nämlich deinen Namen ins Holz einritzen und erhältst Ruhm und Ehre. Was klingt wie ein surrealer Film, ist im Restaurant Oepfelchammer gang und gäbe. In der ältesten Weinstube der Stadt wird nämlich nicht nur gegessen und getrunken, sondern auch regelmässig die berühmte Balkenprobe ausgeführt.

Die Weinstube, die auch liebevoll Oeli genannt wird, ist seit 1801 ein Treffpunkt für alle, die erstklassige Weine schätzen. Selbst Persönlichkeiten wie der Schriftsteller Gottfried Keller gehörten zu den Stammgästen.

Hier findet man lange Holztische, einen grünen Kachelofen und unzählige Namen, die über zwei Jahrhunderte in das dunkle Holz der Balken, Wände und gar Sitzbänke eingeritzt wurden – und all das in einem über 650 Jahre alten Haus mit knarrenden Holztreppen.

Wenn du also das nächste Mal nach einer Location für einen lustigen Abend mit deinen Freundinnen und Freunden suchst, weisst du wohin. Da es drei verschiedene Stuben gibt, solltest du bei der Reservation angeben, dass du gern in die Weinstube möchtest.

Übrigens: Der Rekordhalter ist ganze 88 Mal in 88 Minuten über die Balken geklettert (natürlich ohne Wein zu trinken)! Herausforderung angenommen?

IN DER SOMMERBAR GRILLIEREN

WALDKANTINE

Zürichstrasse 137, 8600 Dübendorf
waldkantine.ch
ÖPNV: Haltestelle Bahnhof Stettbach

Wo früher die Kantine einer Grossbank war, bestellt man heute Dinge wie einen «Sex on the Tree», einen «Hopp Schwiz» oder einen «Lemon Infusion». All das sind Namen von Monatsdrinks der Waldkantine, einem 2020 eröffneten Sommergarten gleich neben dem Bahnhof Stettbach. In der Waldkantine kann man jedoch nicht nur gut trinken, sondern auch vorzüglich essen. Neben der fixen Speisekarte mit Burgern, Sommer Bowls und Co. gibt es ein wechselndes saisonales Tagesmenü. Bei allen Gerichten wird grosser Wert darauf gelegt, dass die Produkte so kurze Wege wie möglich zurücklegen und nachhaltig produziert werden: egal ob Eier vom Nachbarhof in Sichtweite oder Gemüse vom Zürcher Familienbetrieb.

Bestellen tut man unkompliziert an der Theke. Gegessen wird draussen unter Schatten spendenden Bäumen oder im Pavillon aus Tannenholzbalken an massiven Holztischen, die von der Stiftung St. Jakob gefertigt werden. Überall im weitläufigen Garten sind Sitzgelegenheiten verteilt, immer schön eingebettet in die Natur. Fische und Frösche bewohnen einen kleinen Teich, in den Baumkronen über einem zwitschern Vögel, und abends beobachtet man im Sommer nicht selten einen herumspazierenden Igel. Und wer nicht nur essen und trinken will, wagt einen Blick ins Jägerstübli. Dort warten Gesellschaftsspiele, Malbücher für die Kleinen sowie ein Tischfussballkasten.

Immer wieder finden in der Waldkantine auch Events wie Konzerte unter freiem Himmel, Silent Discos oder kreative Workshops statt.

Für besonders viel Zweisamkeit und Romantik kann man zudem einen Picknickkorb bestellen. Rund um den Garten gibt es nämlich schöne Plätzchen im Grünen, wo es sich wunderbar picknicken und die Zeit zu zweit geniessen lässt. Wer sich vor oder nach dem Picknick ein wenig bewegen will, kann direkt von der Waldkantine aus einem Wanderweg durch Wald und Wiese folgen und bis zum Zoo Zürich hinaufspazieren.

Und was wäre ein Sommer ohne einen Grillplausch mit Freundinnen und Freunden? Genau das haben sich wohl die Gründerinnen und Gründer der Waldkantine auch gedacht. Deshalb erhält man hier (auf Vorbestellung!) alles, was man für eine Grillade benötigt: vom

Grillplatz über die Grillzange bis hin zum Essen, das man übrigens selbstständig über die Glut bis zur Perfektion brutzelt. Je nach Vorliebe gibt's frische Gemüse- oder Fleischspiesse, Grillkäse, Maiskolben, Fleischalternativen und Brot.

Wenn man so mit seinen Liebsten auf der Holzbank sitzt, eingehüllt in das warme Licht der Lampions und Lichterketten, und die Maiskolben über der Glut vor sich hin brutzeln, kann sich die Zeit schon mal auflösen.

Aber nicht nur im Sommer ist die Waldkantine ein beliebter Treffpunkt für Stadtfüchse und Landhasen. In der Winterzeit wird aus dem Sommergarten nämlich eine «Winterstubä». Statt Grillspiess und kühlen Drinks kommen dann Fondue und Glühwein auf den Tisch. Statt Aperol Spritz ein leckerer Zimt- oder Marronisprizz. Doch egal zu welcher Jahreszeit man der Waldkantine einen Besuch abstattet: Man kann sicher sein, dass es jedes Mal etwas Neues zu entdecken gibt.

SOMMERBAR-HOPPING

➤➤ Die Entspannte: Zum frischen Max
Auf dem Max-Frisch-Platz direkt am Bahnhof Oerlikon
geniesst man in der Sommerbar «Zum frischen Max»
spritzige Drinks und leckere Snacks: der perfekte Ort für
ein After-Work-Treffen mit dem Team oder das nächste Tinder-Date. Lichterketten, Holztische, Tipizelte und
Schaukeln sorgen für eine entspannte, hippe Atmosphäre.
Max-Frisch-Platz 25a, 8050 Zürich

➤➤ Die Nachhaltige: MICAS Garten
Spektakuläre hängende Gärten, ein Tischfussballkasten
und sogar zwei Tischtennistische zur kostenlosen Nutzung:
Ein Abstecher zur Pop-up-Sommerbar MICAS Garten
in Altstetten lohnt sich nicht nur wegen der Drinks. In
der grünen Stadtoase finden zudem regelmässig Events
zum Thema Nachhaltigkeit statt.
Badenerstrasse 790, 8048 Zürich

➤➤ Die Multikulturelle: Binz & Kunz
Mitten im aufstrebenden Quartier Binz hat der urbane
Sommergarten «Binz & Kunz» ein Zuhause gefunden.
Heute ist er ein beliebter Treffpunkt für Jung und Alt.
Neben Drinks gibt's kulinarische Spezialitäten aus der
Schweiz bis in den Libanon.
Räffelstrasse 17, 8045 Zürich

TIPP

MIT SICHT
AUFS TRAMDEPOT BRUNCHEN

BEBEK

Badenerstrasse 171, 8003 Zürich
bebek.ch
ÖPNV: Haltestelle Kalkbreite/Bhf. Wiedikon oder Bahnhof Wiedikon

Über zwei Meter hohe orientalisch anmutende Kronleuchter, rohe Betonwände und raumhohe Fenster mit Sicht aufs Tramdepot: Wer aussergewöhnlich brunchen möchte, ist im Bebek genau richtig. Am besten erwähnt man schon bei der Reservation, dass man bevorzugt einen Tisch im hinteren Teil des Restaurants mit Blick auf das Tramdepot wünscht. Wer zur richtigen Zeit kommt, sieht vielleicht sogar eine Tram aus der Halle hinein- oder hinausfahren.

Im Bebek gibt's aber nicht nur eine einmalige Aussicht, sondern auch eine grosse Auswahl an hausgemachten orientalischen Mezze und Schweizer Klassikern. Statt jedoch immer wieder das Gespräch mit dem Lieblingsmenschen unterbrechen zu müssen, um sich Nachschlag vom Buffet zu holen, bekommt man das Frühstück im Bebek auf einer Etagere, in Schüsselchen und auf Tellerchen serviert. Perfekt, um sich gemeinsam von der Schweizer Küche bis in den Nahen Osten zu probieren: von Hummus, Muhammara und Oliven-Labneh mit frischem Fladenbrot bis zum Birchermüesli, Fruchtsalat und Zopf.

Wer danach noch Platz hat, sollte unbedingt einen der hausgemachten Kuchen probieren, die die Besitzerin jede Woche zusammen mit ihrem Sohn backt. Und auch gegen den Durst gibt es vom hausgemachten Hanf-Rooibos-Eistee mit Zimt, Nelken, Pfeffer, Limettensaft und Rohrzucker bis zum marokkanischen Minztee und türkischen Kaffee einiges zu entdecken.

Für alle Morgenmuffel eine zusätzliche frohe Nachricht: Frühstück wird nicht nur am Sonntagmorgen serviert, sondern jeden Tag bis 16 Uhr. Also sich getrost nochmals unter die Decke kuscheln und sich dann auf ein Nachmittagsfrühstück mit dem Brunch-Buddy treffen.

IN VÖLLIGER DUNKELHEIT ESSEN

BLINDEKUH

Mühlebachstrasse 148, 8008 Zürich
www.blindekuh.ch/dunkel-restaurant-blindekuh-zuerich.html
ÖPNV: Haltestelle Hegibachplatz oder Höschgasse

Noch könnt ihr einander gespannt in die Augen schauen. Dann holt euch eure Gastgeberin oder euer Gastgeber (etwa zwei Drittel der Mitarbeitenden sind übrigens sehbehindert oder blind) im Foyer des Restaurants ab und begleitet euch vom Licht in die komplette Dunkelheit. Damit sich eure Augen an diesen abrupten Wechsel gewöhnen können, wartet ihr zuerst ein, zwei Minuten in einem Zwischenraum, während ihr erfahrt, was euch an diesem Abend erwartet. Und schliesslich geht's in Polonaise-Formation in die absolute Dunkelheit zu eurem Tisch.

Um euch herum hörst du die Stimmen der anderen Gäste, das gelegentliche Klappern von Geschirr oder ein Glucksen einer Flüssigkeit. Du riechst gebratene Kartoffeln, karamellisierten Zucker, Kürbissuppe. Aber ganz sicher bist du dir nicht. Du fühlst das kalte Glas in deiner Hand und schmeckst die intensive Süsse des Weins. Und nach und nach erahnst du den Raum und das, was sich darin befindet, auch wenn du mit den Augen nicht das Geringste ausmachen kannst.

In der blindekuh, dem ersten Dunkelrestaurant der Welt, erlebt ihr einen wahrhaft sinnlichen Abend. Besonders spannend wird es mit dem Menü Surprise (vegan, vegetarisch oder mit Fleisch). Erratet ihr, was ihr als Vorspeise, Hauptgericht und Dessert auf dem Teller habt? Für ein romantisches Date gibt es ausserdem das Special «Table for Two». Dabei erwartet euch ein aphrodisierendes Tête-à-Tête in vier Gängen am Zweiertisch. Bist du bereit für das sinnlichste Blind Date deines Lebens?

IM REGENWALD
ZU ABEND ESSEN
ZOO ZÜRICH

Zürichbergstrasse 221, 8044 Zürich
https://www.zoo.ch/de/essen-trinken/restaurant-masoala
ÖPNV: Haltestelle Zoo, Zoo/Forrenweid oder Im Klösterli

Rund 80 Prozent Luftfeuchtigkeit, exotische Pflanzen wie Zimt- und Kakaobaum oder Vanille und die lautstarken Rufe der Roten Varis: Betritt man die Masoala Halle im Zoo Zürich, fühlt man sich sogleich nach Madagaskar versetzt. Die Halle ist etwa so gross wie eineinhalb Fussballfelder und bietet ein Zuhause für rund 40 Wirbeltierarten und insgesamt etwa 500 Tiere: von Mausmakis, Varis und Flughunden bis zu Geckos, Chamäleons, Schildkröten, Insekten, Spinnen, Vögeln und Fischen. Zudem wachsen in der Masoala Halle über 500 verschiedene Pflanzenarten.

Diese Tier- und Pflanzenvielfalt lässt sich tagsüber bei einem Zoobesuch erleben. Wer die Masoala Halle einmal von einer anderen Seite kennenlernen möchte, kann dies bei einem exklusiven Abendessen inmitten des Regenwaldes tun. Viele der Tiere in der Halle werden nämlich gerade abends, wenn es dämmert, aktiv, und so hat man noch bessere Chancen, sie zu beobachten. Ob für einen romantischen Abend mit deiner Liebsten oder einen Überraschungs-Kurztrip mit deinem besten Freund: Beim Tropical Dinner im Masoala Regenwald geniesst ihr einen unvergesslichen Abend inmitten der Pflanzen- und Tierwelt.

Euer Mini-Urlaub startet bei einem Apéro im Informationszentrum. Begleitet von Prosecco und liebevoll angerichteten Häppchen, beobachtet ihr Schlangen und Fische. Oder ihr schlendert durch die Naturschutzausstellung und erfahrt mehr über die Ökologie und die Bedrohung des echten Masoala-Regenwaldes in Madagaskar sowie die dortige Kultur.

Danach begleitet euch eine Zooführerin oder ein Zooführer durch den Regenwald. Während der Sommermonate habt ihr in der Dämmerung besonders gute Chancen, Mausmakis oder Geckos zu entdecken. Solange es noch hell ist, erforscht ihr im Sommer auch die Erlebnis-

wege und könnt so noch tiefer in die Natur eintauchen. Doch auch im Winter, wenn es während der Führung schon dunkel wird, könnt ihr euch auf eine spezielle Atmosphäre freuen. Ohne Tageslicht ist nämlich selbst die Kuppel, die sich über den Regenwald spannt, kaum mehr zu erkennen, sodass man glatt vergisst, dass man sich eigentlich in Zürich befindet. Zudem fällt die Temperatur in der Masoala Halle dank der nachhaltigen Erdsondenheizung nie unter 19 Grad Celsius. Verglichen mit den bis zu 40 Grad im Sommer ist das angenehm mild.

Während der Führung spaziert ihr nicht nur unter, sondern auch über den Bäumen auf dem Baumkronen-Weg. Dafür steigt ihr über eine von Lianen und Aufsitzerpflanzen umschlungene Stahlkonstruktion, die sich um einen Kapokbaum windet. Auf bis zu 18 Metern eröffnet sich euch eine Aussicht über den gesamten Masoala Regenwald.

Die Führung endet schliesslich bei der Mora-Mora Bar, mitten im Regenwald, wo eure Reise kulinarisch weitergeht. Hier sitzt du, umgeben von Pflanzen und Tieren, mit deiner Begleitung an einem Tisch nur für euch zwei und geniesst ein exotisches, saisonal wechselndes 3-Gänge-Menü inklusive Wein und Getränken. Bereits vor dem Besuch könnt ihr euch für ein vegetarisches oder ein fleischhaltiges Menü entscheiden, auf Anfrage ist auch eine vegane Variante möglich. Dieses Abendessen im Regenwald werdet ihr auf jeden Fall nicht so schnell vergessen!

Übrigens: Wer sich schon tagsüber vor Ort auf den Abend einstimmen möchte, kann vor dem Tropical Dinner einen Zoobesuch einplanen.

BRUNCHTIME

➤➤ Anti-Kater-Frühstück: Samigo
Direkt am Zürichsee gibt's ein Anti-Kater-Frühstück vom Feinsten. Vegan, vegi oder mit Fleisch: Im Samigo findet ihr alles von Waffeln über Pancakes bis zum Avocado-Toast. Und wer dem Kater so richtig an den Kragen gehen will, bestellt dazu eine Bloody Mary oder Mimosa.
Mythenquai 59, 8002 Zürich

➤➤ Heimelig: Kafi Paradiesli
Im Paradiesli bleibt der Alltag vor der Tür. In urchiger und heimeliger Atmosphäre geniesst man hier ein schweizerisches Frühstück mit lokalen und regionalen Produkten. Ein echter Geheimtipp!
Hofstrasse 19, 8032 Zürich

➤➤ Insta-tauglich: Café Elena
Im Café Elena bruncht ihr inmitten einer Märchenwelt in Rosa: von den Tausenden Rosen an den Wänden, den Sesseln, den Servietten bis hin zu den Smoothies und Cappuccinos. Eine Traumkulisse für Insta-Lovers.
Neumühlequai 10, 8001 Zürich

TIPP

VEGANE KUCHEN SCHLEMMEN

LOLA'S KITCHEN

Steinstrasse 27, 8003 Zürich
lolaskitchen.ch
ÖPNV: Haltestelle Schmiede Wiedikon, Binz oder Giesshübel

Salted Caramel Popcorn Cake, Strawberry Double Chocolate Cake oder saftige Coconut Bars: Wie soll man sich da entscheiden? Ist zum Glück nicht notwendig, denn bei Lola's Kitchen, Zürichs erstem veganen Cake Shop, gibt es auch Cake Boxen mit einer Auswahl an tages-

aktuellen Leckereien von schokoladig bis fruchtig. Neben dem Standardsortiment von zwölf Kuchen bietet Lola's Kitchen zusätzlich jeden Monat eine spezielle Kuchenkreation passend zur Saison.

Die Desserts sind nicht nur ein Augen- und Gaumenschmaus, sondern auch noch gesund. Wirklich! Wie das geht? Die Cakes kommen allesamt ohne raffinierten Zucker aus, sind gluten- und sojafrei, von A bis Z vegan und werden nicht gebacken. Stattdessen enthalten sie hochwertige, möglichst unverarbeitete Zutaten wie Mandeln, Datteln, Schokolade, Kakaobutter und frische Früchte. Produziert werden die Kuchen in der eigenen kleinen Manufaktur in Zürich. So sündhaft lecker sie also aussehen: Naschen kann man hier ohne schlechtes Gewissen.

Wer nicht nur naschen, sondern selbst Kuchen herstellen möchte, kann dies bei einem Workshop tun. Gestartet wird mit einem Apéro riche. Danach lernt ihr von der Gründerin Alina und ihrem Team, wie ihr ganz einfach vegane Desserts zubereitet. Die Workshops finden im intimen Rahmen von maximal acht Personen statt. Am Schluss verlasst ihr den Kurs mit viel Wissen, einem selbst gemachten Kuchen und einem Goodie Bag. Da die Workshops immer gut gebucht sind, lohnt es sich, frühzeitig einen Platz zu reservieren. Dann steht einem lecker-lustigen Abend mit der besten Freundin oder dem besten Freund nichts mehr im Weg.

SCHLANGENBROT
IN DER WILDNIS BRÄTELN
SIHLWALD

Alte Sihltalstrasse, 8135 Sihlwald
www.wildnispark.ch
ÖPNV: Haltestelle Sihlwald

Über 200 Jahre alte Baumriesen, zehn verschiedene Amphibienarten und Grünes Koboldmoos: Im Naturerlebnispark Sihlwald bekommt man eine Idee davon, wie die Urwälder Europas früher ausgesehen haben. Lange war der heutige Naturwald jedoch ein Nutzwald, wo seit Jahrhunderten Holz geschlagen wurde. Seit dem Jahr 2000 wird der Sihlwald nun ganz sich selbst überlassen, und bereits nach lediglich zwei Jahrzehnten ohne menschliche Einflussnahme finden sich dort wieder mehr vermodernde Baumstämme sowie Totholz, welches vielen Arten einen wichtigen Lebensraum bietet.

Damit einerseits Menschen die intakte Natur erleben können, Flora und Fauna aber dennoch ungestörte Lebensräume haben, ist der Sihlwald in zwei Bereiche aufgeteilt. 40 Prozent der Fläche gehören zur Kernzone. Dort kann sich der Wald frei und ungestört entwickeln. Deshalb darf man hier die Wege nicht verlassen, kein Feuer machen und keine Pflanzen oder Pilze pflücken. In der Naturerlebniszone mit einer Fläche von 43 Prozent kann man den Wald auch abseits der Wege entdecken, Hunde an der Leine mitbringen sowie an den offiziellen Feuerstellen grillieren.

Hast du Lust auf einen Spaziergang in unberührter Natur, musst du nicht weit gehen: Vom Hauptbahnhof ist man schon nach gut 30 Minuten in der Wildnis.

Ein Ausflug in den Sihlwald ist zu jeder Jahreszeit und bei jedem Wetter ein besonderes Erlebnis: Bei Nebel oder Regen kommt die

urwaldähnliche Atmosphäre umso besser zur Geltung. Im Winter kann man eine ausgedehnte Wanderung im verschneiten Winter Wonder-

land unternehmen. Und bei schönem Wetter bietet sich von den Aussichtspunkten wie dem Albishorn eine spektakuläre Aussicht auf Wälder, Wiesen, Seen und Berge.

Die Vielfalt des Sihlwalds lässt sich auf diversen Routen entdecken. Wer hoch hinauswill, wandert bergauf zum Aussichtsturm Albis-Hochwacht. Hast du die 153 Stufen des Holzturms erklommen, wirst du mit einer atemberaubenden Rundsicht belohnt: vom Schwarzwald auf der einen Seite bis zu Eiger, Mönch und Jungfrau auf der anderen. Besonders romantisch wird's zum Sonnenuntergang oder bei Vollmond. Zusätzliche Informationen hält der Walderlebnispfad bereit. An den zwölf Stationen des Rundwegs erfährt man Spannendes über den Wald, kann sein Gleichgewicht testen, Jahresringe zählen oder über einen Steg durch den Moorwald laufen.

Und diejenigen, die es gemütlich angehen, folgen der Sihl auf dem Sihluferweg und sichten mit etwas Glück sogar eine Wasseramsel.

Doch egal ob aktiv, lehrreich oder gemütlich, irgendwann meldet sich der Hunger. Und was gäbe es da Schöneres, als über einem offenen Feuer Schlangenbrot zu bräteln? Da der Sihlwald nicht über Einkaufsmöglichkeiten verfügt, kauft man sich bereits vor dem Ausflug ein Stück Teig oder ein vorgeformtes Schlangenbrot. Rund 20 Feuerstellen laden im Wald, am Flussufer und vor dem Besucherzentrum zum Grillieren in der Natur ein. Vor dem Besucherzentrum steht sogar kostenloses Brennholz zur Verfügung. Dort befinden sich zudem ein Shop, ein Wildnis-Spielplatz, eine Fischotteranlage sowie das Naturmuseum, wo man mehr über die Vergangenheit, Gegenwart und Zukunft des Sihlwalds erfährt. Und wenn sich der Hunger nochmals bemerkbar macht, kann man im Restaurant Sihlwald, einer ehemaligen Schreinerei, eine frische Pinsa auf der Terrasse geniessen und dabei dem Rauschen der Sihl lauschen.

DIE SCHÖNSTEN OPEN-AIR-KINOS

➤➤ Im Grünen: Cine Club Nord
Unter dem Blätterdach des MFO-Parks geht jeweils im August der «Cine Club Nord» über die Bühne. Gezeigt werden sowohl bekannte als auch weniger bekannte Filme. Für Snacks und Getränke steht eine Bar bereit.
Gubelstrasse 10, 8050 Zürich

➤➤ Am Fluss: Filmfluss
In schönster Lage an der Limmat findet jeweils im Juli das Freiluftkino «Filmfluss» statt. Während im Hintergrund die Lichter der Stadt auf der Wasseroberfläche tanzen, flimmern auf der grossen Leinwand davor Independent-Filme aus nah und fern.
Wasserwerkstrasse 131, 8037 Zürich

➤➤ Im Freibad: Dolder Wellenkino
Im August verwandelt sich das Dolder Bad auf dem Adlisberg in ein Open-Air-Kino. Ob mit der ganzen Familie beim Picknick auf der Wiese, für ein romantisches Date im Strandkorb oder mit Freundinnen und Freunden in der Lounge: Im «Wellenkino» werden alle glücklich.
Dolder Sports, Adlisbergstrasse 36, 8044 Zürich

➤➤ Am See: Allianz Cinema
Im «Allianz Cinema», dem grössten Open-Air in Zürich, bekommt man von Juli bis August Blockbuster, Neuerscheinungen und Klassiker vor der Kulisse des Zürichsees zu sehen. Zwar eher eine Mainstream-Veranstaltung, aber bei der spektakulären Lage drückt man gern ein Auge zu.
Bellerivestrasse 170, 8008 Zürich

TIPP

NACH DER PARTY KOHLENHYDRATE ESSEN

HAPPY BECK

Dienerstrasse 32, 8004 Zürich
ÖPNV: Haltestelle Militär-/Langstrasse oder Bäckeranlage

Es ist so ein Phänomen: Beim Konsum von Alkohol oder anderen Drogen sehnt man sich oft plötzlich nach einem Snack. Viele junge Menschen bezeichnen diesen Alkoholhunger auch liebevoll als «Munchies». Während einige ihre Lust auf Salziges mit einem Burger bei einer Fast-Food-Kette oder einer Fertig-Nudelsuppe zu Hause stillen, strömen Insider zum Happy Beck an der Langstrasse. Perfekt gelegen inmitten der Bars und Clubs hat sich die Bäckerei beim Partyvolk als Lieblingsanlaufstelle für die Dosis Kohlenhydrate nach einer durchtanzten Nacht etabliert. Wer nun an eine schäbige Bude mit Trash-Food denkt, liegt falsch, denn der Gründer Yakup Aydin legt grossen Wert auf handwerkliches Können, altbewährte Rezepte und einwandfreie Rohstoffe. Beim Happy Beck arbeiten zudem nur Angehörige der Familie, denn nur so darf die Bäckerei rund um die Uhr 365 Tage im Jahr geöffnet haben.

Schon von der Strasse sieht man die Tageshits rot auf schwarz über die digitale Anzeige wandern. Einmal drinnen, tut sich ein Schlaraffenland auf: Vegi-Empanadas, heisse Sandwiches, Käseküchlein, Schinkengipfeli, süsse Wähen und die stadtbekannten Schoggi-Gipfeli mit Pralinenfüllung warten auf hungrige Mäuler. Nicht selten kommt es vor, dass man zu später Stunde eine betrunkene Gestalt mit einer halb aufgegessenen Piadina an eine Wand gelehnt schlafen sieht. Wer tagsüber kommt, wird den Happy Beck ohne all die Party People wohl kaum wiedererkennen. Vielleicht fallen einem dann auch die liebevoll verzierten Hochzeitstorten und Kuchen auf, die es hier nebst all den Nach-Mitternachts-Snacks gibt.

SICH IN DER NATUROASE VERKÖSTIGEN

WIRTSCHAFT ZIEGELHÜTTE

Hüttenkopfstrasse 70, 8051 Zürich
wirtschaft-ziegelhuette.ch
ÖPNV: Haltestelle Schwamendingerplatz

Ein Ort, wo es einen Biergarten unter Kastanienbäumen, ein Salatdressing wie von Mama und Unterhaltung von Kinderspielplatz bis Kegelbahn gibt? Das muss die Ziegelhütte sein. Schon auf dem zehnminütigen Spaziergang von Schwamendingen zur Wirtschaft kommt man mit jedem Schritt mehr in der Natur an. Gleich am Wald- und Stadtrand taucht schliesslich das Areal der Ziegelhütte auf. Das traditionsreiche Hauptgebäude aus dem 18. Jahrhundert liegt eingebettet zwischen Obst- und Gemüsegarten, Wald und Wiese.

Bis 1873 war hier eine Ziegelbrennerei zu Hause. Seither wird die Gastwirtschaft immer weiterbetrieben. Und das erfolgreich. Denn die Ziegelhütte schafft, was nicht vielen gelingt: Hier fühlen sich alle, wirklich alle, willkommen und gut aufgehoben. Vom jungen, urbanen Hipster über die Familie beim Tagesausflug im Grünen bis zur alten Dame, die jeden Samstagnachmittag zum Mittagessen kommt. Und Platz gibt es mehr als genug.

Ein grosszügiger Biergarten, das «Sääli» mit Aussicht, die urchige «Burestube», eine Beiz, eine Terrasse und sogar ein eigener Garten: Auf dem Gelände der Ziegelhütte könnte man sich glatt verlaufen. Zu besonderen Anlässen kann man zudem beim Chiringuito (einer Sommerbar mit Grill im Freien) mit Blick auf den Garten verweilen. Und für private Veranstaltungen oder öffentliche Events wie Public Viewing oder Konzerte stehen zusätzlich eine grosse Trinkhalle mit Bühne sowie eine Kegelbahn inklusive Bar zur Verfügung.

Während man im Sommer auf der Terrasse im Schatten der Bäume sitzt, macht man es sich im Winter in der Wärme der «Burestube» oder der Beiz gemütlich. Da die Räume behutsam renoviert wurden, haben sie ihren Charakter nicht verloren. Im Gegenteil: Das Nebeneinander von

traditionellen Elementen, wie einem grünen Kachelofen, und modernen Dingen, wie einer Leuchtschrift an der Wand, macht das Ambiente der Ziegelhütte zu etwas ganz Eigenem.

So vielfältig wie die Räumlichkeiten sind auch Speise- und Getränkekarte. Darauf findet man sowohl Klassiker wie Wurst-Käse-Salat als auch saisonal wechselnde moderne Gerichte wie Topinambursuppe aus Sarahs Garten mit Haselnuss-Schwarzkohl-Pesto. Auf keinen Fall entgehen lassen sollte man sich aber die Salatschüssel, denn die Salatsauce der Ziegelhütte ist stadtbekannt. Maggi, Aromat und getrocknete Kräuter: Bei den Zutaten dieses Dressings werden wohl bei so manchem Gast Kindheitserinnerungen geweckt. Fast alle Gerichte sind hausgemacht.

Und nicht nur das: Ein Grossteil der Gemüsesorten, Kräuter und Salate kommt aus dem eigenen Garten. Das bedeutet, dass oft auch spontan Gerichte entstehen mit dem, was der Garten halt gerade hergibt. Convenience-Produkte kommen hier nicht in die Tüte respektive auf den Tisch. Was nicht selbst gemacht, gesammelt oder angebaut ist, wird von regionalen Produzenten bezogen. Soziale und ökologische Nachhaltigkeit? In der Wirtschaft Ziegelhütte eine Selbstverständlichkeit.

Wer nach dem Essen einen Verdauungsspaziergang einlegen möchte, spaziert statt zurück nach Schwamendingen einfach eine halbe Stunde in die andere Richtung bis zum Zoo Zürich. Die Wirtschaft Ziegelhütte ist nämlich ideal an diverse Velorouten und Wanderwege angeschlossen.

ZÜRCHER SPEZIALITÄTEN

➤➤ Herzhaft: Züri Gschnätzlets

Ein Teller mit Kalbfleisch in Rahmsauce, serviert mit Röschti (Kartoffel-Fladen): Züri Gschnätzlets ist wahres Soulfood. Die Spezialität offerieren diverse Zürcher Restaurants. Dank Orten wie dem Restaurant Hiltl inzwischen auch als vegane und vegetarische Variante.

➤➤ Süss: Luxemburgerli

Luftig, süss und leicht: Die Luxemburgerli der Confiserie Sprüngli sind sowohl bei Einheimischen als auch bei Touristen beliebt. Kaufen kann man sie in den verschiedenen Sprüngli-Filialen der Stadt. Bei einigen gibt's auch zum Kaffee ein Luxemburgerli dazu.

➤➤ Nahrhaft: Birchermüesli

Birchermüesli bekommt man heute nicht mehr nur in Zürich, sondern sogar in Südafrika, Hongkong oder Mexiko. Erfunden hat die «Apfeldiätspeise» mit Haferflocken, frischen Früchten, Nüssen und Milch der Schweizer Arzt Maximilian Bircher-Benner, der heute als Pionier der Vollwertkost gilt.

TIPP

IRAKISCHEN DATTELKUCHEN PROBIEREN
CAFÉ ZÄHRINGER

Zähringerplatz 11, 8001 Zürich
zaehringer.ch
ÖPNV: Haltestelle Rudolf-Brun-Brücke oder Neumarkt

Ein Stück irakischer Dattelkuchen und ein Glas Kefirwasser? Oder lieber ganz schweizerisch eine Portion Rösti und dazu ein Glas Sinalco? Und genauso divers wie das kulinarische Angebot sind im Zähringer auch die Gäste, denn seit der Eröffnung 1981 ist das als Kollektiv organisierte, selbstverwaltete Restaurant ein beliebter Treffpunkt mitten im Zürcher Niederdorf. Durch seine Lage zwischen Touristen-Hotspots, Universität und Kulturinstitutionen finden sich im Zähringer alle möglichen Menschen zusammen: vom Anzugträger über das Grosi mit ihren Enkelkindern bis hin zur Studigruppe, die sich nach einem langen Tag in der Bibliothek zum «Aperöle» trifft.

Im Sommer lädt eine grosszügige Terrasse zum Verweilen unter dem grünen Blätterdach ein. Ein wunderbarer Ort also, um deine Oma zum Kaffeekränzchen zu treffen oder um bei der Shoppingtour mit deinem besten Freund einen kulinarischen Boxenstopp einzulegen. Und wenn es draussen kälter wird, ist es drinnen umso heimeliger.

Für alle Frühstücksfans gibt es noch einen weiteren Grund für einen Besuch im Zähringer. «Zmorge» wird hier nämlich nicht nur am Wochenende serviert, sondern von Dienstag bis Sonntag, und zwar bis spät am Nachmittag – am Sonntag sogar mit hausgemachtem veganen Zopf und Sauerteigbrot.

Das Zähringer kann aber nicht nur Kulinarik, sondern auch Kultur. So finden regelmässig kleine Konzerte von Folklore bis Punk sowie Lesungen oder Theateraufführungen statt.

VON DER GRÖSSTEN WEINKARTE KOSTEN

ZWEIFEL WEINBEIZ

Regensdorferstrasse 20, 8049 Zürich
www.zweifel1898.ch/de/weinbeiz-hoengg.html
ÖPNV: Haltestelle Meierhofplatz oder Wieslergasse

Wer kennt sie nicht: Die orangefarbenen Paprika-Kartoffelchips von Zweifel. Dass das Familienunternehmen Zweifel jedoch ursprünglich mit Weinproduktion startete, zwischenzeitlich auch eine Mostkelterei betrieb und mit der Chips-Produktion vor allem begann, um die bestehende Infrastruktur besser auszulasten, ist wohl weniger bekannt. Anfang der fünfziger Jahre frittierte ein Cousin des Firmenchefs Heinrich Zweifel in einer grossen Feldküchen-Pfanne die ersten Kartoffelchips. Was zunächst belächelt wurde, sollte sich als zukunftsträchtige Idee herausstellen, denn die Chips, wie auch die Weine von Zweifel, haben in kurzer Zeit nationale Bekanntheit erlangt.

Wer mehr über das Familienunternehmen und die Geschichte der Wein-, Chips- und Mostproduktion erfahren oder einfach mal von den wohl beliebtesten Schweizer Chips und den Zweifel-Weinen kosten möchte, sollte sich einen Ausflug nach Höngg nicht entgehen lassen. Neben der letzten noch produzierenden Kelterei auf Zürcher Stadtgebiet befindet sich da nämlich auch ein Weinladen, ein kostenlos zugängliches Zweifel Museum sowie die Zweifel Weinbeiz. Zusammen mit dem Papa, deiner Schwester oder dem besten Freund kannst du hier bei Chips und Wein eine tolle Zeit verbringen.

In dem denkmalgeschützten, neu renovierten Haus aus dem Jahr 1622 sitzt ihr an langen Eichenholztischen. Objekte wie eine alte Pendeluhr, eine familieneigene Kirchenbank und die originalen Holzbalken versprühen Nostalgie und Gemütlichkeit. Gleichzeitig sorgen die von

der Künstlerin Janine Wiget handgemalten Wein-Zitate an den Wänden oder das in kleinen Holzfässchen aufgetischte Besteck für einen modernen Touch.

Mit einem Rosé im Steinkrug und Chips seid ihr schon mal gut ausgestattet. Netter Nebeneffekt: Den leeren Tonkrug könnt ihr anschliessend als Andenken mit nach Hause nehmen und als Vase oder Kerzenständer weiterverwenden. Wer mehr als Chips knabbern möchte, findet in der kleinen, aber feinen Karte eine Auswahl an regionalen und saisonalen Köstlichkeiten vom Alleinkoch Dennis. Wie es sich für ein Weinunternehmen gehört, erhaltet ihr natürlich zu jedem Gericht eine Weinempfehlung. Wenn ihr lieber einen anderen trinken wollt, ebenfalls kein Problem: Denn hier gibt es die wahrscheinlich grösste Weinkarte der Stadt. Ihr könnt vor dem Essen einen Spaziergang durch den Weinladen nebenan machen und für ein kleines Zapfgeld unter gut 700 Weinen euren Favoriten aussuchen. Besonders empfehlenswert sind die Zweifel-Eigenweine. Die überzeugen nicht nur im Geschmack und der Qualität, sondern auch in puncto Nachhaltigkeit. Die Traubensorten von Zweifel sind pilzresistent, wodurch sehr wenig Pestizide eingesetzt werden müssen. Zudem sind alle Eigenweine vegan, weil für die Filtration Erbsenprotein statt Fischhaut oder tierisches Eiweiss genutzt wird. Darauf trinkt man doch gern gleich noch ein Gläschen!

Wer es ausgefallen mag, sollte die Trendlinie unter den Eigenweinen ausprobieren: Auf jedem Etikett ist ein Tier aufgedruckt, welches im oder vom Rebberg lebt und etwas über den Wein aussagt. So weiss man beim Bild einer kräftigen Wildsau, eines leichtfüssigen Hasen oder einer trockenheitsliebenden Eidechse schon in etwa, was einen erwartet. Und falls man etwas zu tief ins Glas geschaut hat, kann man sich dank dem Tierbildchen auch am nächsten Tag noch an den Lieblingswein erinnern.

IN DIE LOKALE MUSIKSZENE EINTAUCHEN

➤➤ Jam Session in der «Amboss Rampe»

Jeden Donnerstag findet in der Amboss Rampe eine Jam Session statt. Nach einem Opening Set der Band steht die Bühne allen offen, die ihre Leidenschaft für die Musik teilen wollen, egal ob jemand gerade das erste Lied auf der Gitarre gelernt hat oder schon Profi ist. Ein wahres Musik-Labor für Neuentdeckungen und Experimente.
Zollstrasse 80, 8005 Zürich

➤➤ Musikklub und Bar «Mehrspur»

Musikklub, Bar und Galerie in einem: Auf der Bühne des Mehrspur sind die Jazz- und Popabteilung der Zürcher Hochschule der Künste zu Hause und geben Einblick in ihr kreatives Schaffen. Hier wird alles geboten, von der Live-Premiere im intimen Rahmen bis hin zu Shows von international bekannten Acts.
Foerrlibuckstrasse 109, 8005 Zürich

➤➤ Konzert und Kulinarik im «Rank»

Ein gediegenes Abendessen mit «Feel Food» und im Anschluss ein Konzert von lokalen Musikerinnen und Musikern? Das kann man jeweils zwischen Donnerstag und Samstag im Restaurant «Rank» haben. Ein wunderbarer Ort für Genussmenschen.
Niederdorfstrasse 60, 8001 Zürich

TIPP

KAFFEE TRINKEN UND PFLANZEN KAUFEN

JAMAICAN FLAVOUR

Langstrasse 200, 8005 Zürich
jamaican-flavour-rocas-concept-store.business.site
ÖPNV: Haltestelle Limmatplatz oder Röntgenstrasse

Du schlenderst von Bild zu Bild der aktuellen Kunstausstellung, während du genüsslich an deinem Iced Latte nippst und dich von lebensfroher Musik berieseln lässt. Bevor du dich wieder zu deiner Begleitung auf die Bank am Fenster setzt, kaufst du dir dein Lieblingsbild und vielleicht auch noch diese Pflanze, die neben euch von der Decke baumelt.

Das Café Jamaican Flavour verbindet Genuss, Kunst, Kultur und jamaikanisches Lebensgefühl an einem Ort. Die Einrichtung im karibischen Holzlook, die Wohnzimmeratmosphäre und die Gastfreundschaft von Ramon, dem Besitzer, sorgen dafür, dass du dich augenblicklich willkommen fühlst. Das kulinarische Angebot ist klein, aber dafür umso erlesener. Die Bohnen für den Kaffee werden eigens in einem Labor in Höngg geröstet, der Chai-Sirup aus einem Schwarzteeaufguss, Gewürzen, Zucker und Ingwer selbst gemacht. Dazu gibts ein Croissant, ein Stück saftiges Bananenbrot oder im Sommer Gelati. Falls es mal schneller gehen muss, machst du ganz einfach mit dem Fahrrad oder zu Fuss am Drive-Thru-Fenster halt und bestellst dir deinen Flat White «überd Gass».

Das Jamaican Flavour ist nicht nur Café, sondern auch Verkaufslokal und Eventlocation. So kannst du zum Beispiel Bücher ausleihen oder Bilder von wechselnden jungen Künstlerinnen und Künstlern bestaunen und kaufen. Je nach Jahreszeit gibt es neben den Pflanzen und Bildern zudem unterschiedliche originelle Dinge wie Schnittblumen, handgefertigte Gegenstände oder Accessoires zu erstehen. An manchen Abenden finden im Jamaican Flavour auch Lesungen, Konzerte oder Vernissagen statt. Wer auf dem Laufenden bleiben will, schaut am besten auf Instagram vorbei.

AUF KULINARISCHE WELTREISE GEHEN
BRIDGE

Europaallee 22, 8004 Zürich
www.bridgezurich.ch
ÖPNV: eine Minute zu Fuss vom Hauptbahnhof

Bridge ist ein Paradies für Feinschmeckerinnen, Foodblogger und Fans von innovativen Konzepten. Hier findest du nämlich auf einer Fläche von 2.000 Quadratmetern verteilt auf zwei Stockwerke Supermarkt, Frischemarkt, Gastronomie und Events unter einem Dach. Wer sich für hippe Labels, Bio-Essen, Food-Start-ups und Manufakturen begeistert, wird garantiert glücklich.

Neben einigen ständigen Anbietern gibt es alle drei Monate ein neues Schwerpunktthema für das Bistro und einen Teil des Sortiments, von der peruanischen über die mexikanische bis hin zur nordischen Food-Kultur. Passend zum Thema wird Bridge jeweils auch mit einer spektakulären Deko geschmückt. Diese werden aus Gebraucht- und Restmaterialien hergestellt, die ansonsten im Abfall landen würden.

Durch die Vielfalt an verschiedenen Küchen, Manufakturen und Produkten entsteht bei Bridge eine Brücke zwischen Menschen und Essen, aber auch eine Brücke über Landesgrenzen hinweg. Als Symbol dafür spaziert man übrigens im oberen Stock über die grösste Indoor-Hängebrücke der Schweiz. Lust auf eine kulinarische Weltreise mit deinen Liebsten?

Während ihr euch im unteren Stock mit frischen Produkten, hausgemachten Spezialitäten und Leckereien von kleinen Manufakturen eindecken könnt, gibt es im oberen Stock eine Vielzahl an Sitzgelegenheiten, einen Genussmarkt sowie ein Bistro mit wechselndem Angebot und leckere Food-Stände von japanisch bis italienisch. Bestellen

könnt ihr entweder gemütlich mit dem Handy vom Platz aus oder an der jeweiligen Theke.

Tapas als Vorspeise, danach eine Ramen Noodle Soup und schliesslich ein Tiramisu zum Dessert: und all das, ohne auch nur einmal die Location zu wechseln! Je mehr Hunger oder Freundinnen und Freunde du mitbringst, desto mehr Länder kannst du besuchen.

Passend zum Konzept der nachhaltigen und innovativen Food-Szene

offeriert Bridge ein grosses vegetarisches und veganes Angebot. Wenn Fleisch angeboten wird, dann nur hochwertiges.

Innovativ und zukunftsweisend sind bei Bridge nicht nur das Essen und die Deko, sondern auch die Arbeitskultur: Die Mitarbeitenden tragen hier nämlich keine Uniform, sondern ihre individuelle Kleidung und stehen dadurch als Mensch im Vordergrund. Eine gute Strategie, denn das respektvolle und lockere Miteinander schafft mehr Atmosphäre als eine Kleiderordnung. Nach einer langen Reise voller Köstlichkeiten aus aller Welt könnt ihr den Abend bei einem Glas Wein im Weinladen/in der Weinbar ausklingen lassen. Wenn euch der Tropfen geschmeckt hat, kauft ihr ganz einfach eine Flasche davon im Laden, wenn ihr geht. Wer mehr auf Cocktails steht, sollte unbedingt einen Abstecher in die Bridge Bar auf der zweiten Etage machen und einen Cocktail on tap oder einen leckeren Spritz mit selbst gemachtem Sirup probieren.

Neben all den kulinarischen Highlights gilt es, auch die diversen Veranstaltungen bei Bridge nicht zu vergessen. Es erwarten euch Koch- und Backworkshops, Lesungen oder Filmscreenings – oft, aber nicht zwingend zum aktuellen Themenschwerpunkt.

Wen nimmst du mit auf die Reise durch die Küchen dieser Welt?

NOCH MEHR WELTREISE IN ZÜRICH

➤➤ In sieben Sprachen um die Welt
Jeden zweiten Samstag geht's im Mc Gee's Irish Pub mit dem Format «Language Exchange» auf Weltreise. Mit Hilfe von Kommunikationskarten in sieben verschiedenen Sprachen wie Spanisch, Portugiesisch oder Französisch kannst du deine Sprachkenntnisse aufbessern und nebenbei neue Menschen kennenlernen. Sogar Snacks sind im Ticketpreis inbegriffen.
Mc Gee's Irish Pub, Birmensdorferstrasse 83, 8003 Zürich. Infos und Tickets unter www.pubcrawlzurich.com/languageexchange

➤➤ Mini-Food-Court im Spritzwerk
In der früheren Autolackiererei werden heute Leckereien aus der ganzen Welt aufgetischt. Die wechselnden Foodtrucks im Restaurant Spritzwerk nehmen dich zum Beispiel mit auf eine Reise nach Peru, Mexiko, Argentinien oder Tibet. Das Interieur ist eine gelungene Mischung aus Industrie-, Brockenhaus- und Hipster-Look.
Amboss Rampe, Zollstrasse 80, 8005 Zürich

➤➤ The International Beer Bar
Mit 100 Bieren die Welt kennenlernen: Das kann man in der International Beer Bar. Internationale und Schweizer Craftbiere machen aus einem gewöhnlichen Barbesuch eine Reise um die Welt. Wein, Longdrinks oder Cocktails sucht man hier vergebens – aber wer braucht das schon bei der riesigen Bierkarte?
Luisenstrasse 7, 8005 Zürich

TIPP

APERÖLEN IN DER HÖCHSTEN KÜCHE ZÜRICHS

CLOUDS BISTRO

Maagplatz 5, 8005 Zürich
clouds.ch/clouds-bistro
ÖPNV: Haltestelle Schiffbau oder Bahnhof Hardbrücke

Ich sehe was, was du nicht siehst, und das ist klein und rot und lang. Was das wohl sein könnte? Na klar, ein Lastwagen aus über 100 Metern Höhe. Im Clouds Bistro geniesst du eine spektakuläre Aussicht über die Stadt Zürich, während du dir mit deiner Begleitung eine leckere Apéroplatte mit Oliven-, Tomaten- und Artischockencreme sowie warmem Focaccia aus der höchstgelegenen Küche der Stadt teilst und «Ich sehe was, was du nicht siehst» spielst.

Nachdem euch der Lift des Prime Tower, des höchsten Gebäudes der Stadt, in wenigen Sekunden in auf Etage 35 gebracht hat, findet ihr euch im Bistro mit Weitsicht wieder. An klaren Tagen könnt ihr von hier oben über die ganze Stadt, den Zürichsee und bis zu den Bergen sehen. Ein wunderbarer Ort, um nach einer Entdeckungstour in der Stadt eure Route aus der Vogelperspektive nachzuverfolgen oder einfach, um bei einem Apéro zu entspannen. Ob in einer der Sofaecken oder an einem romantischen Zweiertisch: Im Clouds Bistro kommt die spektakuläre Aussicht überall mit dazu. Und während ihr ganz weit unten die zwei winzigen Gestalten beim Tischtennisspielen auf der Josefwiese erspäht, den Miniaturzügen beim Einfahren in den Bahnhof zuschaut oder die schönste Dachterrasse der Stadt ausmacht, werden alle Sorgen kleiner und kleiner.

Ein Besuch lohnt sich übrigens auch, wenn es draussen schon dunkel ist. Dann verwandelt sich Zürich in ein Meer aus 1.000 Lichtern, und die kleine Weltstadt zeigt sich von einer anderen Seite.

CATCH OF THE DAY
IM FISCHERDORF ESSEN

FISCHERDORF

Bellerivestrasse 160, 8008 Zürich
www.fischerstube-zuerich.ch/fischerdorf
ÖPNV: Haltestelle Fröhlichstrasse, Chinagarten
oder mit dem Schiff bis Station Zürichhorn

Auf der Terrasse über dem Wasser einen Tagesfang vom Zürichsee essen, während die untergehende Sonne alles in oranges Licht taucht. Die auf Holzpfählen gebaute Terrasse der Fischerstube ist wohl einer der romantischsten Orte, die du für eine Date Night aussuchen kannst.

Die Fischerstube war eines der Wahrzeichen der Landesausstellung 1939 und erstrahlt heute renoviert in neuem Glanz, nachdem sie 1956 vollständig niedergebrannt war. Viele der ursprünglichen Elemente wie das Schilfdach oder die Pfahlbauweise wurden jedoch beibehalten.

Die Fischerstube ist weit mehr als ein Restaurant auf Stelzen. Sie ist Teil eines ganzen Fischerdorfs mit einem Kiosk für Takeaway, einem Garten mit Selbstbedienung und einer Fischerhütte auf dem Wasser, die sich für Events mieten lässt. Wer auf dem Wasserweg anreist, kann sogar am hauseigenen Steg anlegen. Neben frischem Fisch von lokalen Fischersleuten stehen auch vegane und vegetarische Spezialitäten wie selbst gemachte 5-Korn-Teigwaren oder «Pasta Grano Arso» auf dem Menü.

Egal ob für Fischknusperli und ein Feierabendbier im Garten, ein romantisches Tête-à-Tête auf der Seeterrasse mit Abendsonne oder ein Glas Wein vom Zürichseeufer in der Lounge: Das Fischerdorf ist ein wahrer Allrounder. Und auch wenn es mal regnet, tut das einem Besuch keinen Abbruch. Neben der offenen Terrasse gibt es in der Fischerstube nämlich eine überdachte Veranda sowie einen gemütlichen Innenbereich. Architekturfans sollten sich dessen selbsttragende Kuppel mit 1.016 Holzbalken auf keinen Fall entgehen lassen. Und was gäbe es Schöneres, als bei einem Gewitter in der trockenen Fischerstube zu sitzen und auf den stürmischen See zu schauen?

RACLETTE
IN DER GONDEL GENIESSEN
KLEINE FREIHEIT

Weinbergstrasse 30, 8006 Zürich
kleinefreiheit.ch
ÖPNV: Haltestelle Haldenegg oder Central

Das Gefühl von Freiheit: Das bekommst du in der gleichnamigen Gartenwirtschaft im Kreis 6 ganz bestimmt. Während im Sommer der Garten zu einer Oase mit Liegen, Sofas, Tischchen und Stühlen wird und Negronis sowie Mezze-Platten aus einem Frachtcontainer gereicht werden, verwandelt sich die Kleine Freiheit in den kalten Monaten in einen gemütlichen Wintergarten mit Holzöfen und Feuerstellen.

Wenn der Magen knurrt, schnappt ihr euch an der Theke ein Raclette-Öfeli, Geschirr und Getränke, steigt in eure persönliche Gondel und lasst es euch bei einem herzhaften Raclette gut gehen. Von Ende Oktober bis Mitte Januar stehen nämlich mehrere beheizte Gondeln aus dem Berner Oberland im Garten der Kleinen Freiheit und werden zur kleinsten Raclette-Stube von Zürich. Unschlagbar für ein romantisches Dinner mit der Liebsten oder einen lustigen Abend mit dem Kumpel.

Beim Raclette habt ihr die Qual der Wahl: Käse mit oder ohne Chili? Oder lieber die vegane Alternative mit Knoblauch oder Bergkräutern? Dazu gibt's geschwellte Kartoffeln, Gewürze, Essiggurken, Silberzwiebeln und selbst eingelegtes Gemüse aus der «Einmachbibliothek» der Kleinen Freiheit. Wenn ihr wollt, könnt ihr mit Musikboxen noch mehr Stimmung in eure Gondel zaubern.

Und während draussen dicke Schneeflocken vom Himmel fallen und drinnen die nächste Portion Käse im Ofen brutzelt und würzig duftet, kann man sich glatt vorstellen, irgendwo weit oben in den Bergen zu sein.

NOTIZEN
LIEBLINGSMENSCHEN UNTERWEGS

MIT DEM LIEBLINGSMENSCHEN

Seite an Seite
Kultur erleben

SÜDOSTASIATISCHE ARCHITEKTUR BESTAUNEN

VILLA PATUMBAH

Zollikerstrasse 128, 8008 Zürich
www.heimatschutzzentrum.ch
ÖPNV: Haltestelle Fröhlichstrasse oder Wildbachstrasse

Sie ist wohl das exotischste und eines der extravagantesten Gebäude Zürichs: die Villa Patumbah. Ihren Namen verdankt sie einem Ort auf der Insel Sumatra im heutigen Indonesien, wo ihr Bauherr Carl Fürchtegott Grob in der zweiten Hälfte des 19. Jahrhunderts mit Tabakplantagen reich wurde. Während dieser Zeit herrschte nämlich auf Sumatra eine regelrechte Goldgräberstimmung – viele Europäerinnen und Europäer versprachen sich schnelles Geld mit dem Anbau von Kaffee oder Tabak.

Carrara-Marmor, Veroneser Kalkstein und die älteste Mineralfarbmalerei der Schweiz: Ein Besuch der Villa Patumbah lässt das Herz aller Architekturfans höherschlagen. Aber auch alle anderen Interessierten werden die Villa und die dazugehörige Parkanlage nicht so schnell vergessen, denn die Kombination von verschiedenen Baustilen wie Gotik, Barock, Rokoko und italienischer Renaissance mit ostasiatischer Kunst machen die Villa zu einem richtigen Schmuckstück.

Um den Abriss der prunkvollen Villa und ihrer Parkanlage zu vermeiden, kaufte 1977 die Stadt Zürich das Anwesen. Heute, nach einer aufwendigen Restaurierung, gehört die Villa der «Stiftung Patumbah» und steht unter Schutz. Die Parkanlage und Teile der Villa sind tagsüber für die Öffentlichkeit zugänglich.

Wer sich für Baukultur interessiert, sollte unbedingt die interaktive Ausstellung des Heimatschutzzentrums im Erd- und Gartengeschoss besuchen. Um einen Blick ins zweite Obergeschoss mit der kunstvollen asiatischen Galerie und der eindrücklichen Glaskuppel zu erhaschen, kann man sich für eine der Führungen oder eine Theatertour mit dem «ewigen Butler» Johann anmelden und mehr über die Geschichte von Park und Villa erfahren.

LACHEN UND WEINEN IM IMPROTHEATER
THEATER ANUNDPFIRSICH

Zollstrasse 121, 8005 Zürich
pfirsi.ch
ÖPNV: 6 Minuten zu Fuss vom Hauptbahnhof Zürich

Wann hast du das letzte Mal so richtig herzhaft gelacht? Während wir als Kind etwa 400-mal am Tag lachen, tun wir es im Erwachsenenalter nur noch etwa 15-mal am Tag. Dabei tut Lachen extrem gut: Unsere Muskeln lockern sich, und Glückshormone werden ausgeschüttet. Wenn du also mal wieder lauthals lachen willst, ist eine Impro-Show von theater anundpfirsich genau das Richtige.

Wie der Name schon verrät, wird beim Improvisationstheater (kurz Improtheater) improvisiert. Keine der Schauspielerinnen und keiner der Schauspieler weiss vor dem Betreten der Bühne, welche Rolle er oder sie spielt, geschweige denn, welche Geschichte gespielt wird. Eine vorbestimmte dramatische Handlung? Gibt es nicht. So kann auf der Bühne alles Mögliche und Unmögliche passieren, und jede Show ist einmalig und einzigartig.

Um noch einen obendrauf zu setzen, wird das Publikum vor jeder Szene involviert. Wenn du willst, kannst du zum Beispiel mitbestimmen, in welchem Verhältnis zwei Schauspielerinnen zueinander stehen, welches Hobby einer der Schauspieler hat oder in welchem Setting die nächste Szene stattfinden soll.

Wie wäre es mit einem Impro-Krimi, der vor deinen Augen entsteht und bei dem du über Mordwaffen und Alibis mitentscheidest? Oder soll es ein improvisiertes Musical mit Tanz, Gesang und Bühnenshow sein? Wenn du lieber klassisch anfangen möchtest, besuchst du am besten das MAESTRO™, die beliebteste unter den Impro-Comedyshows.

APERÖLE UND
BARFUSS TANZEN AM FLUSS

BARFUSSBAR

Stadthausquai 12, 8001 Zürich

barfussbar.ch

ÖPNV: Haltestelle Bürkliplatz, Bellevue oder Kantonalbank

Erst im Jahr 1837 hat die Stadt Zürich das Badeverbot für Frauen aufgehoben. Gut 50 Jahre später eröffnete schliesslich das Frauenbad Stadthausquai. Noch heute ist es tagsüber nur für weibliche Gäste geöffnet. Mehrmals die Woche verwandelt sich die Badi auf der Limmat jedoch abends nach dem Badebetrieb in eine sommerliche Konzertlocation, die Barfussbar. Und dann sind auch Männer willkommen.

Jeden Mittwoch gibt es Livekonzerte von Musikerinnen und Musikern aus der Region. Donnerstags lautet das Motto: Schuhe aus, Sound an. Denn da geniesst man das After-Work-Bier zu chilligen elektronischen Background-Sounds wechselnder DJs. Um nah bei der kleinen Bühne zu sitzen, lohnt es sich, frühzeitig einzutrudeln. Ansonsten machst du es dir zusammen mit dem Lieblingsmenschen auf dem Holzsteg gemütlich, der sich um das Schwimmbecken zieht, und tauchst die Füsse ins kühle Limmatwasser.

Wer während des Konzerts zappelige Beine hat und am liebsten lostanzen will, sollte unbedingt am Sonntagabend in der Barfussbar vorbeischauen. Da findet nämlich die Eventreihe «Tanz am Sunntig» statt, wo man zu Pop, Funk, R'n'B und elektronischen Klängen das Tanzbein schwingt.

Der Magen knurrt? Kein Grund, das Konzert zu verpassen, denn die Bar bietet auch Köstlichkeiten wie Hummus, Babaganoush und bunte Salate im Glastöpfchen mit warmem Fladenbrot an. Die passen übrigens wunderbar zu einem Passionfruit Spritz oder einem kühlen Züri-Bier.

Der Eintritt für die Konzerte unter der Woche ist grundsätzlich frei. Die Künstlerinnen und Künstler freuen sich aber bestimmt über einen kleinen Batzen in der Kollekte.

FILME SCHAUEN UNTER MAMMUTBÄUMEN
ROTE FABRIK

Seestrasse 395, 8038 Zürich
rotefabrik.ch
ÖPNV: Haltestelle Post Wollishofen, Rote Fabrik oder Bahnhof Wollishofen

Wenn die Sommersonne und die Temperatur abends sinken, zieht es Filmliebhaberinnen, beste Freunde und verliebte Pärchen zur Roten Fabrik, einem der grössten Kulturzentren Europas. Auf dem Areal einer ehemaligen Seidenweberei ist nämlich mit dem «Film am See» seit 1984 Zürichs erstes und ältestes Open-Air-Kino beheimatet. Jeweils von Anfang Juli bis Ende August werden direkt am Wasser unter den Mammutbäumen sorgfältig kuratierte Filme zu grossen Themen wie Liebe oder Tod gezeigt. Und das kostenlos! Wer will und kann, darf das Organisationsteam natürlich mit einem Batzen für die Kollekte unterstützen.

Tickets reserviert man am besten bereits im Vorfeld. Falls es noch freie Plätze gibt, kann man jedoch auch spontan vorbeikommen. Und wenn es regnet? Dann stehen die Veranstaltungsräume der Roten Fabrik zur Verfügung und aus dem Open-Air- wird ein Indoor-Kino.

Für die kulinarische Untermalung des Filmabends sorgt das gemütliche Restaurant Ziegel Oh Lac, welches in einem der über 100 Jahre alten Industriegebäude der Roten Fabrik zu Hause ist.

Wer von der Stadt her kommt, kann den Filmabend übrigens mit einem Panorama-Spaziergang verbinden. Ein schöner Uferweg führt vom Bürkliplatz bis zur Stadtgrenze in Wollishofen. Von da kann man auf dem 284 Meter langen Cassiopeiasteg 100 Meter in den Zürichsee hinausschlendern und gelangt schliesslich bei der Roten Fabrik wieder an Land.

AUF EINEM «Y» SCHAUKELN UND NACHDENKEN

Y-SKULPTUR IM HARDAUPARK

Hardaupark, Badenerstrasse 372, 8004 Zürich
ÖPNV: Haltestelle Albisriederplatz oder Hardplatz

Wo lässt es sich besser nachdenken als auf einer Schaukel? Diese hier baumelt sogar von einem 15 Meter hohen «Y»! Oder ist es eine Steinschleuder? Genau diese Mehrdeutigkeit des Kunstwerks wurde bereits oft und heiss diskutiert. Steht die Konstruktion nun für die Frage «Wieso?» («Y» wird im Englischen «Why» ausgesprochen), oder soll sie eine Steinschleuder darstellen, als Symbol des Widerstands wie bei David gegen Goliath?

Für seine Arbeiten beschäftigt sich der aus dem Kosovo stammende Künstler Sislej Xhafa jedenfalls oft mit den Themen Identität und Migration und hinterfragt kulturelle Stereotypen und Vorurteile. Und so ging er bei dieser Skulptur vom Begriff des kulturellen Widerstands aus. Wer sich seine eigenen Gedanken zur Bedeutung des haushohen Kunstwerkes machen möchte, stattet dem «Y» samt Schaukel am besten einfach selbst einen Besuch ab. Vielleicht kommt einem ja die Antwort auf diese oder eine völlig andere Frage beim Schaukeln in luftiger Höhe?

Ein Besuch des Kunstwerks lässt sich übrigens wunderbar mit einem Picknick verbinden. Die Skulptur steht nämlich mitten im Hardaupark, umgeben von einem Wohnquartier. Neben der Skulptur gibt es im Park auch einen Spielplatz mit Sandkasten, diverse Sitzgelegenheiten, einen Trinkbrunnen und öffentliche Toiletten.

Sobald es dunkel wird, erstrahlt das «Y» zudem in bunten Farben und sieht noch spektakulärer aus. Setzt man sich dann auf die Schaukel, wird ein Signal ausgelöst, und die Skulptur leuchtet heller.

IN UNTERIRDISCHE WELTEN BLICKEN

ELEKTRIZITÄTSWERK DER STADT ZÜRICH

Binzmühlestrasse 156, 8050 Zürich
ÖPNV: Haltestelle Chaletweg oder Bollingerweg

Wer durch das Industriequartier von Oerlikon spaziert, erwartet vielleicht Bürogebäude, Industrie- oder Lagerhallen. Aber Kunst? Wohl eher weniger. Unternimmt man jedoch den kleinen Spaziergang vom Bahnhof Oerlikon, wird man mit einer überraschenden Kunstinstallation mit dem poetischen Titel «Der Gefangene Floh» belohnt. Von Weitem ist erst mal nur eine grosse Fensterfront in einer grauen Fassade zu sehen. Tritt man jedoch näher, tut sich auf einmal eine Welt

aus Formen, Farben und Lichtern auf. Der Video- und Computerkünstler Yves Netzhammer hat nämlich im Unterwerk des Elektrizitätswerks der Stadt Zürich ein regelrechtes Wahrnehmungslabyrinth geschaffen und ermöglicht einen Einblick in diese ansonsten verborgene unterirdische Welt. Ein Zusammenspiel von Spiegeln, Licht und Zeichnungen lässt die Grenze zwischen Realität und Vorstellung verschwimmen und schafft den Eindruck von Unendlichkeit. Was ist nun unten und was oben? Ist dieser Raum so gross wie ein Container oder so gross wie ein Haus? Und blickt man jetzt auf das Drinnen oder das Draussen?

Wer einen Ort sucht, um mit der besten Freundin oder dem besten Freund mal wieder ein tiefgründiges philosophisches Gespräch zu führen, sollte unbedingt einen Abstecher zum Gefangenen Floh machen. Während man vor der grossen Fensterfront steht und zwölf Meter unter die Erdoberfläche ins Innere eines Schaltanlageraums blickt, erklingt aus acht Lautsprechern ein Text, der die Leuchten im Innern steuert und dadurch die Raum- und Zeitverhältnisse zu verschieben scheint.

AUF EIN NO-NAME-KONZERT GEHEN

PROVITREFF

Sihlquai 240, 8005 Zürich
www.provitreff.ch/index.htm
ÖPNV: Haltestelle Quellenstrasse

Tanzfreudige jeglichen Alters, Geschlechts und Nationalität stehen Schlange vor dem Eingang zu dem über hundertjährigen Fabrikgebäude. Denn heute, wie jeden Mittwochabend, findet hier im Provitreff die Heldenbar statt. Diese darf stolz von sich behaupten, der am längsten laufende regelmässige queere Event Zürichs zu sein. Freier Eintritt, Live-DJs und eine Top-Lage direkt an der Limmat: Das findet man in Zürichs Nachtleben nicht an jeder Ecke. Willkommen sind alle, egal ob queer, schwul, lesbisch, bi oder hetero. Braucht man zwischen den Tanz-Sessions eine Verschnaufpause, kann man eine Runde Tischfussball im Nebenraum spielen oder sich einen Drink schnappen und im Aussenbereich abkühlen, während man den farbigen Lichtern der Girlanden beim Tanzen auf der nachtschwarzen Oberfläche der Limmat zuschaut.

Doch nicht nur Tanzwütige kommen im Provitreff auf ihre Kosten, denn die Heldenbar ist nur eine der vielen Veranstaltungen wie Konzerte, Lesungen, Theateraufführungen, Kunstausstellungen oder Sportevents, die hier regelmässig stattfinden. Besonders für jüngere Kulturschaffende bietet der Provitreff eine wertvolle Möglichkeit, vor einem kleinen Publikum aufzutreten und sich auszuprobieren. Um über die anstehenden Events auf dem Laufenden zu bleiben, schaut ihr am besten auf der Facebook-Seite oder auf der Website vorbei.

DEM «SPRAYER VON ZÜRICH» NACHSPÜREN

KUNSTWERKE VON HARALD NÄGELI

Stadtkarte mit Nägeli-Zeichnungen im Raum Zürich:
sprayervonzürich.com/karte/raum/Zürich

Ist das Kunst oder Sachbeschädigung? Oder etwa beides gleichzeitig? Bei den Strichfiguren, mit denen Harald Nägeli in den 1970 Jahren seiner Meinung nach langweilige Gebäudefassaden und Wände schmückte, scheiden sich die Geister. Meistens nachts unterwegs, besprayte Nägeli aus Protest gegen das monotone Stadtbild Dutzende öffentliche und private Wände mit seinen Fantasiefiguren, Tieren oder Skeletten. Mal tanzen, mal fliegen, mal laufen sie über die Oberfläche. Dabei wirken sie immer leicht und befreit auf den schweren grauen Betonwänden.

Doch egal welchem Lager man angehört, Tatsache ist: Seine Wandzeichnungen machten ihn als «Sprayer von Zürich» schon bald zum weltbekannten Graffiti-Künstler. Heute zählt er gar zu den Street-Art-Pionieren und seine Figuren sind als künstlerische Eingriffe in die Alltagswelt anerkannt. Mit seinem Schaffen trug Nägeli dazu bei, den Weg für alternative Kunstformen im öffentlichen Raum zu ebnen.

Dieser Weg war jedoch kein leichter, denn zu Beginn wurden seine Wandzeichnungen von der Bevölkerung als Schmierereien abgetan und viele der Werke entfernt. Natürlich wurde auch die Polizei bald auf seine illegalen Sprayereien aufmerksam, und ihm drohte eine Haftstrafe wegen Sachbeschädigung. Um dem zu entgehen, floh er nach Deutschland, wo er mit dem Politiker Willy Brandt und dem Künstler Joseph Beuys prominente Fans hatte. Trotz allem musste er jedoch letztendlich für ein halbes Jahr in Haft und blieb Zürich danach bis zum Jahr 2020 fern.

Wie bei anderen weltberühmten Street-Art-Künstlerinnen und -Künstlern wie Banksy wuchs auch um Harald Nägeli ein Mythos, und

so tauchten immer wieder angebliche Nägelis auf, ob in Zürich oder in Städten wie Venedig oder Düsseldorf, bei denen man sich nicht sicher ist, ob es Originale sind oder nicht.

Obwohl viele der Wandzeichnungen Nägelis entfernt wurden, sind immer noch einige in Zürich zu finden. Wer also den Spuren des «Sprayers von Zürich» folgen und die Figuren mit eigenen Augen sehen möchte, kann dies auch heute noch tun. Damit man nicht jede einzel-

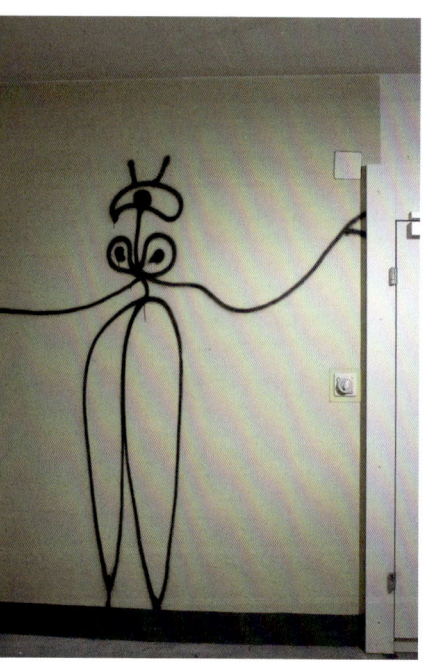

ne Strasse und Seitengasse, Parkgarage und Fabrikhalle der Stadt ablaufen muss, um die Fantasiefiguren, Fabelwesen, Insekten und Augen zu finden, werden alle Werke von Nägeli auf einer digitalen Stadtkarte auf sprayervonzürich.com gesammelt und mit Pins markiert. Auch das ungefähre Erstellungsdatum (falls bekannt) sowie Abbildungen der Zeichnungen kann man dort sehen. Mit Hilfe dieser Übersicht lässt sich individuell eine Kunstwanderung der etwas anderen Art unternehmen: vom Bürkliplatz über das Seefeld, an der Limmat entlang, durch das Niederdorf und bis zur Kalkbreite. Einige der Kunstwerke sind gleich ersichtlich, bei anderen muss man hingegen etwas rätseln oder auf Hinweise auf der Nägeli-Karte hoffen, um sie zu finden. Für eine Figur im Parkhaus Vorderberg muss man beispielsweise klingeln, da sie sich nicht im öffentlichen Teil des Parkhauses befindet.

Wer will, kann aus der Kunstwanderung auch einen Wettbewerb mit Freundinnen und Freunden machen. Welches Team hält in zwei Stunden mehr Nägeli-Zeichnungen mit einem Selfie fest? Auf diese Weise lernen selbst Bewohnerinnen und Bewohner von Zürich ihren Wohnort noch einmal neu kennen.

KUNST UND KULTUR AN UNERWARTETEN ORTEN

➤➤ Jahrhundertkugel im Hauptbahnhof

Sie erinnert ein bisschen an den goldenen Schnatz aus Harry Potter: die Jahrhundertkugel «La Boule d'or centenaire», die für 100 Jahre unter einer Glasscheibe im Boden der Bahnhofshalle des Hauptbahnhofs eingelassen ist. Dort soll sie auf das Bedeutungslose aufmerksam machen.
Hauptbahnhof Zürich, 8001 Zürich

➤➤ «Blüemlihalle» in der Polizeiwache

Eines der bedeutendsten Kunstwerke der Stadt würde man wohl nicht im Eingang einer Polizeiwache erwarten. Doch genau da lassen sich die bekannten Giacometti-Fresken an Gewölben und Decken bestaunen. Die Blumenornamente (deshalb von Einheimischen auch «Blüemlihalle» genannt) und Muster in Rot- und Ockertönen schaffen eine ganz besondere Atmosphäre.
Amtshaus I, Bahnhofquai 3, 8001 Zürich

➤➤ Zeitreise mit archäologischen Fenstern

Ob im Parkhaus, in einer Nebengasse oder im Foyer der Schweizerischen Nationalbank: An verschiedenen Orten der Zürcher Altstadt kann man mittels «archäologischer Fenster» eine Zeitreise zu den Römern, ins Mittelalter oder zu den Pfahlbauern machen. Die meisten sind öffentlich zugänglich und kostenlos. Für einige wenige wird ein Schlüssel benötigt.
Infos unter www.stadt-zuerich.ch

TIPP

DEN EIGENEN AUGEN NICHT TRAUEN

WOW MUSEUM

Werdmühlestrasse 10, 8001 Zürich

www.wow-museum.ch

ÖPNV: 5 Minuten Fussweg vom Hauptbahnhof

Wer Museen langweilig findet, war noch nicht im WOW Museum. Schon bei einem Blick an die Decke im Eingangsbereich merkt man, dass es kein gewöhnlicher Museumsbesuch werden wird, denn hier ist nichts so, wie es scheint. Wer den Spass teilen will, nimmt die beste Freundin oder den besten Freund mit auf diese lustige und zuweilen philosophische Reise.

In jedem Raum erzeugen Spiegelwände, Musik sowie Farb- und Lichtspiele Illusionen und lassen euch über eure Wahrnehmung staunen. Während ihr euch in einem Raum in der Unendlichkeit verliert, steht in einem anderen plötzlich die Welt kopf (oder seid ihr es?). Und kaum scheint im nächsten wieder alles normal zu sein, bemerkst du, dass deine Freundin auf die Hälfte ihrer eigentlichen Grösse geschrumpft ist.

An jeder Station gibt es ausserdem einen Fotopoint, wo ihr all die absurden Momente in Bildern und GIFs festhalten und euch direkt aufs Handy schicken lassen könnt: egal ob als Futter fürs Insta-Profil oder einfach als Erinnerung für euch. Das Handy solltet ihr jedoch nicht nur der Fotos wegen mitbringen, sondern auch für die QR-Codes, über die ihr Instruktionen und spannende Infos rund um die Illusionen erhaltet.

Wer nach dem Besuch einen Karrierewechsel zum Magier oder zur Magierin in Erwägung zieht, kann im Museumsshop Spiele, Gadgets für Zaubertricks und andere originelle Souvenirs erstehen.

An Wochenenden, regnerischen Tagen und während der Schulferien kann es im WOW Museum ganz schön voll werden. Trifft all das auf euren geplanten Besuch zu? Dann unbedingt frühzeitig online ein Ticket reservieren.

HOLLYWOOD-LUFT SCHNUPPERN
ZÜRICH FILM FESTIVAL

Festivalzentrum: Sechseläutenplatz, 8001 Zürich
zff.com
ÖPNV: Haltestelle Bellevue oder Opernhaus

Jedes Jahr Ende September verwandelt sich Zürich für etwa elf Tage in einen Hotspot für Filme, Stars und grosses Kino. Auf dem Programm stehen Werke von aufstrebenden Filmschaffenden bis zu den ganz Grossen der Filmindustrie, nicht wenige davon sind Premieren. Für dieses Ereignis reisen Filmfans aus aller Welt in die Limmatstadt. Gar nicht so verwunderlich, wenn man bedenkt, dass Zürich die Stadt mit der weltweit grössten Kinodichte ist.

Egal ob man Lust auf einen preisgekrönten Dokumentarfilm, einen Independent-Film aus Pakistan oder den international erwarteten Blockbuster hat: Bei einem Programm mit rund 160 Filmen bleiben keine Wünsche offen.

Wer während des Festivals über den Sechseläutenplatz spaziert, weiss sofort, dass es wieder so weit ist. Hier befindet sich nämlich das Festivalzentrum mit dem Pavillon für Veranstaltungen, Apéros und Podiumsgespräche. Alles sprüht vor Glanz und Glamour. Das Festival beschränkt sich jedoch nicht auf den Sechseläutenplatz, sondern ist an diversen Standorten der Stadt zu Gast, vom Arthouse- bis zum Mainstream-Kino. Zahlreiche Filmvorführungen finden ausserdem in Anwesenheit von Schauspielern, Regisseurinnen oder Produzenten statt, die vor oder nach dem Film Rede und Antwort stehen.

Ein Highlight für ZFF-Fans ist die Opening Night, wenn Stars wie Johnny Depp oder Natalie Dormer über den grünen Teppich bis zum Kino Corso gehen und für Fans und Kameras posieren.

EIN THEATER AM SEEUFER BESUCHEN
ZÜRCHER THEATER SPEKTAKEL

Stadthausquai 17, 8001 Zürich
www.theaterspektakel.ch
ÖPNV: Haltestelle Billoweg oder Wollishofen

Scheinbar schwerelos schweben die Tänzerinnen und Tänzer über die kleine Saffa-Insel im Zürichsee, während die Sonne nach und nach verschwindet und alles golden anmalt. Eine Brise streicht dir über die Haut. Es riecht nach See, nach Algen, nach Sommer. Dazu Klänge von ganz nah und von weit weg, die sich vermischen. Du und deine Begleitung schaut gebannt auf die sich mühelos verbiegenden Körper.

Nach der Aufführung schlendert ihr über die schmale Brücke zurück auf die Landiwiese in Richtung der Food-Stände, wo ihr den Abend kulinarisch ausklingen lasst.

Das Zürcher Theater Spektakel wurde bereits 1980 gegründet. Was als Treffpunkt für das freie Theater begann, entwickelte sich bald zu einem international bekannten Festival. Heute treten hier jeden Sommer um die 40 Künstlerinnen und Künstler aus der ganzen Welt auf. Es finden Theateraufführungen, Opern, Tanz, Akrobatik, Live-Performances, Lesungen, Installationen und Konzerte statt und vieles, ganz vieles mehr. Da ist es nicht verwunderlich, dass sich die Landiwiese während der etwas mehr als zwei Wochen in ein Festivalgelände voller Kunst, Kultur und Kulinarik verwandelt. Es gibt Strassenkünstlerinnen und Akrobaten, Bars, mobile Restaurants sowie Musik, und das alles mit spektakulärer Aussicht auf den Zürichsee.

Viele Menschen besuchen das frei zugängliche Festivalgelände während dieser Zeit auch einfach für einen Spaziergang, gönnen sich ein Bad im See oder ein Feierabendbier mit Freundinnen und Freunden. Und auch für Familien mit Kindern gibt es hier so einiges zu entdecken. Egal ob ihr also wegen der Kunst, Kultur, Kulinarik oder dem Sonnenuntergang kommt: Hier werdet ihr bestimmt fündig.

IM GRUNDE SIND ES DOCH

DIE **VERBINDUNGEN** MIT **MENSCHEN,**

DIE DEM LEBEN SEINEN **WERT** GEBEN.

(WILHELM VON HUMBOLDT, SCHRIFTSTELLER)